영유아 프로그램 개발과 평가

영유아 프로그램 개발과 평가

DEVELOPMENT AND EVALUATION
OF EARLY CHILDHOOD PROGRAMS

김현정 · 김 현 공저

동 문 사

머리말

영유아 프로그램 개발과 평가는 일반적으로 유아교육론, 아동발달, 교수학습방법, 유아교육과정 등 유아교육 기본 교과목에 관한 배경지식을 담고 학부의 고학년 때 교사의 전문성을 신장시키기 위해 유아교육기관에서 계획·운영하는 교육과정을 개발하고 평가하는 과정을 경험하게 되는 교과목이다.

저자들은 여러 차례 집필 방향에 대해 숙의하였고 그 결과 다양한 유아교육 프로그램을 소개하고 제시하여 예비유아교사뿐 아니라 현장 교사들이 프로그램을 개발하고 평가하는 적용능력에 도움이 되고자 하였다. 따라서 이 책이 영유아 프로그램 개발 및 평가의 입문서로 활용되어 바람직한 프로그램을 선택하고 준비하는 과정에 구체적인 길을 열어주길 바란다.

이 책은 유아교사로의 역할을 효율적으로 수행하기 위해 영유아의 연령과 발달에 적합한 프로그램을 개발하고 영유아교육기관에서 융통성 있게 운영할 수 있는 능력을 기르는 데 궁극적인 목표를 두었다. 이에 영유아 프로그램의 기초가 되는 사상적, 심리학적, 사회적 기초 이론을 간략하게 담았고 이론적 기초에 근거하여 개발·운영되고 있는 여러 프로그램들의 이론과 실제를 다루었다. 각 프로그램은 배경, 목적, 특징, 운영, 평가 또는 실제로 적용되고 있는 사례를 소개하였다.

저자들의 역량이 부족하여 빈틈이 많지만 최종 결과물이 아니라 계속 수정하고 보완해 나갈 것을 약속드리며, 바쁜 일정 속에서 편집과 출판에 애쓰신 동문사 관계자 여러분께 진심으로 감사드린다.

2020년 8월
저자 일동

차 례

Chapter 05 기업 프로그램

Chapter 06 외국 영유아 프로그램

Chapter 07 영유아 프로그램 평가

Chapter 01

영유아 프로그램의 이론적 배경

1 철학적 기초

이 장에서는 영유아 프로그램의 이론적 배경을 제공하는 과거의 교육자나 철학자의 사상을 살펴보고자 한다. 위대한 사상가의 이론을 살펴보고 유아교육 분야에서 철학적 가치 또는 신념을 읽음으로써 교사나 프로그램 개발자들이 보육 프로그램에 대해 확고한 가치인식과 신념을 가지고 프로그램 개발을 체계화할 수 있고 영유아 프로그램의 이해를 돕는다.

1) 고대의 유아교육

고대의 대표적인 사상가는 플라톤(Platon)과 아리스토텔레스(Aristoteles)를 들 수 있다. 여기서는 서로 다른 교육목적을 가진 두 사상가들의 이론을 중심으로 살펴보고자 한다.

(1) 플라톤(Platon, B.C. 428~348)

플라톤은 인간을 영혼과 육신으로 구분하였으며, 교육사상은 이상주의(이데아, idea)로 대표된다. 이데아란 이념, 이성, 관념을 일컫는 것이며, 사람이 5관을 통하여 인식할 수 없는 정신적 차원을 가리킨다. 즉, 교육은 영혼의 도야이며, 영유아기부터 교육하는 일이 중요하다. 유아기의 충동적 감정들을 순환시켜 후기에 이성적 요소가 증대되도록 교육해야 한다. 유아기의 무질서하고 조화롭지 못한 감정과 행동들을 순화하고 정돈하는 것은 성인이 되었을 때 이성적 삶의 토대가 된다. 출생에서 5세까지 신체적, 보건적 습관이 강조되고, 양육은 운동, 게임, 놀이, 음악 등을 통하여 이루어진다. 유아기는 인생에서 가장 중요한 시기이며, 어렸을 때 신체와 건강의 습관, 바람직한 성격형성이 이루어진다고 보았다. 또한 유아교육은 출생 후 7세까지 어머니에 의한 가정교육 중심으로 이루어져야 한다고 주장하였다. 이 시기의 교육은 음악적 경험이나 게임이나 스포츠활동, 문학활동 등이 있다. 특히 플라톤은 고대 사상가 중에서 남녀교육을 강조하고, 여아교육을 허용하고 옹호하여 이상적 자유주의교육을 제시하였다. 플라톤은 『국가론』에서 이상국가 실현을 위해 좋은 인재 양성을 해야 하며, 유전적·내면적 자질에 따라 다르게 교육을 해야 한다고 하였다. 이때 교육대상은 지배계층과 귀족계급 남아로 한정되어 있었다.

플라톤이 강조한 유아교육은 다음과 같다.

- 유아기에는 본성으로 타고난 특수성과 개별성을 인정해야 한다.
- 유아기에는 타고난 정신적·신체적 소질을 조화롭게 발전시켜서 시민으로 갖추어야 하는 생활육성을 해야 한다.
- 유아기에는 자연스러운 놀이를 통해 생활 속에서 교육이 이루어져야 한다.
- 유아기에는 신화와 동화를 들려주어 올바른 행동규범을 배우도록 한다.
- 유아기에는 외부로부터 주입되는 지식보다는 내재된 능력을 바람직한 방향으로 발전시킨다.

(2) 아리스토텔레스(Aristoteles, B.C, 384~322)

아리스토텔레스(Aristoteles)는 18세 때 플라톤의 제자가 되어 플라톤의 학문을 발전시켰다. 교육은 정치관에 기초하여 주장하였으며, 교육은 실천정치의 일부분으로 공영사업이 되어야 한다고 주장하였다. 교육의 목적은 사람으로 하여금 행복한 삶을 살게 하는 것이다. 행복은 기본적으로 교육을 통해 얻을 수 있는데 영·유아기 때부터 좋은 습관을 길러야 하며, 조기교육의 중요함을 강조하였다. 또한 5세 이전 유아의 교육 공간은 가정이며, 놀이를 통해 가장 기본적인 신체훈련과 정신훈련이 이루어져야 한다고 하였다. 교육순서는 처음으로 신체훈련에서 출발하여 좋은 습관 형성단계를 거쳐 결국 지성의 도야에 이르게 된다고 하였다. 아리스토텔레스는 국가의 힘은 곧 시민 개인의 힘이며, 탁월한 국가는 탁월한 시민양성에 중점을 두어야 한다고 보고 있다. 탁월한 시민양성은 집단교육보다는 개인차를 중요시하는 개별화학습이 중요하다고 보았다. 유아는 발달단계에 있으며 발달단계에 적합한 교육을 해야 한다는 것이다. 유아기에는 신체적 발달에 중점을 두고, 습관형성단계, 이성의 도야단계로 진행한다고 보았다. 그러나 플라톤과는 달리 교육의 기회 균등을 주장하였으며, 모든 자유시민의 남자 유아들에게도 교육기회를 주어야 한다고 주장하였다.

로마 시대에는 특별한 교육정책이나 방법이 제시되지는 않았으며, 그리스의 플라톤과 아리스토텔레스의 영향을 받아 그리스교육을 그대로 답습하였다. 그럼에도 불구하고 로마인들은 국가 안전은 가정에서 기초한다는 신념을 가졌기 때문에 유아기교육에서 가정교육을 특히 중요시 하였다.

2) 중세의 유아교육

중세는 교황과 사제가 지배하는 기독교 중심 교리로 숭고한 도덕성을 지닌 신앙인을 기르는 것이 두드러진 특징이었다. 중세시대 인간관은 인간 본성을 악하게 보는 데서 비롯되었기 때문에 영유아를 '성인의 축소판'으로 보았다. 중세시대 유아는 5~6세만 되면 노동과 전투놀이를 통해 신체 단련과 정신을 무장한 용맹심과 충성심을 기르는 것이 중요한 교육내용이었다.

중세시대 대표적인 유아교육 사상가는 아우구스티누스(Aurelius Augustinus, 354~430)이다. 아우구스티누스는 만물의 창조자이며 모든 생명의 근원이신 '신'만 소유할 때 영속적인 행복이 가능하며, 참진리이신 신을 소유하는 것이 삶의 목적이며 교육의 목적이라고 하였다. 교육내용은 문법, 수사학, 변증법, 음악, 산술, 기학, 철학으로 이루어진 7자유교과로 구성하였다.

토마스 아퀴나스(Tomas von Aquin, 1225~1274)는 인간이 구원에 이르도록 신에 봉사하는 것을 교육목적으로 주장하였다. 교육내용은 3학(문법, 수사학, 논리학)과 4학문(산술, 기하학, 천문학, 음악)으로 구성하였다.

3) 근세의 유아교육

(1) 코메니우스(John Amos Comenius, 1592~1670)

17세기 최대의 교육자이며 감각적 실학주의를 표방한 코메니우스는 교육이 국가 간의 평화를 가져오는 열쇠라고 생각하였으며, 모든 감각기관을 통해 얻어지는 실제적인 경험이야말로 참된 지식이 된다고 주장하였다. 그는 유아를 위한 그림을 최초로 삽입한 라틴어 교재인 『세계도회(Obris Picture)』라는 최초의 동화책을 집필했다. 교육학의 고전이라 할 수 있는 『대교수학(DidacticaMagna)』에서 사람은 피조물 중 가장 탁월한 존재라 하며 사람에 대한 확고한 종교적인 인간관을 보였다.

코메니우스는 교육제도를 6년씩 4단계로 구분하였는데, 다음과 같이 제시하였다.

① 유아기 모친학교(Schule Materna): 출생부터 6세까지의 유아를 대상으로 어머니가 가정에서 하는 교육으로, 일상생활과 관련된 사물에 대한 기초적 지식, 도덕적 습관, 신앙의 기초지식과 태도를 일깨워 주는 내용으로 구성하였다.

② 아동기 모국어 학교(Schule Vernacula): 7세에서 12세까지의 아동을 대상으로 모국어 읽기 쓰기, 셈하기를 가르치며, 오늘날의 초등교육에 해당된다.

③ 라틴어 학교(Schule Latin): 13세에서 18세까지의 청소년을 대상으로 모국어와 라틴어, 7자유학과, 과학, 지리, 역사, 종교, 윤리 등을 내용으로 구성하고 있으며, 특히 역사교육의 중요성을 강조하고 있다.

④ 청년기 대학(Akademia): 19세에서 24세까지의 청년을 대상으로 신학, 의학, 철학, 법학 및 고전을 가르친 후 마지막 단계에서는 외국여행을 권하고 있다.

(2) 루소(Jean Jacques Rousseau, 1712~1778)

루소는 18세기 프랑스의 철학자이며 그의 교육 사상은 자연주의, 합리주의, 자유주의이며 루소가 1761년에 쓴 책 『에밀(Emile)』은 5편으로 구성되어 있다.

- 1편: 1~5세 유아기 총론으로 출생부터 언어에 의해 자연스럽게 의사소통을 할 때까지이다. 유아는 대도시가 아닌 시골에서 양육하여 맑은 공기를 접하고 신체운동을 통하여 신체를 건강하게 하는 데 목적이 있다. 언어는 인위적으로 일찍 가르치거나 유아가 이해할 수 없는 단어를 주입하지 않고, 실생활 속에서 언어를 자연스럽게 적응하게 하는 시기이다.
- 2편: 6~12세 아동기로 감각훈련과 신체훈련을 강조하는 시기이며 감각과 신체의 기관이 발달한다.

  첫째, 아동이 스스로 읽기 원할 때 읽기를 가르치는 언어교육이 가능한 시기이다.

  둘째, 아동은 감각을 통하여 사물을 이해하는 감각훈련이 이루어지는 시기이다.

  셋째, 아동의 실제적인 경험을 통하여 교육이 이루어지므로 자신의 환경 안에서 경험과 관찰을 통해 얻은 지식이 확실한 지식이 되는 시기이다.

  넷째, 신체와 감각 훈련에 의한 위생, 측량, 자연의 소리 모방하기 등을 자세하게 다루고 있는 교육 시기이다.
- 3편: 13~15세 소년기로 감각을 통제하는 오성이 생기는 시기이다. 이

시기는 직관과 자기활동의 학습법을 활용하여 스스로 사물을 접하고 발견하여 판단력을 발달시키는 지적 도야의 시기이다.
첫째, 직접적인 실험방법이나 직관적인 훈련으로 물리학을 학습한다.
둘째, 호기심을 자극하여 유용성을 이해한 후 천문학교육을 시킨다.
셋째, 지리수업은 세계지도를 보기 전에 자신이 살고 있는 인근지역의 지도를 먼저 만들어 본 후 그 지역 안에 어떤 상품이 생산되는가에 대한 이해가 확장되어 항해와 무역, 화폐에 대한 지식을 알게 한다.

- 4편: 16~20세기 청년기로 한 개체로서의 인간완성으로 향하는, 주로 감정과 도덕교육과 타인의 감정을 수용하는 시기이다. 교육내용은 역사와 종교로 역사교육은 사회와 인간에 대하여 익히는 것이 아니라 역사 안에서 이루어지고 있는 행위의 근거와 그에 따른 도덕적 내용을 배운다. 종교교육도 단순히 교리교육이 아닌 관용과 감성 중심의 종교성을 강조하고 있다.
- 5편: 소피란 여성을 등장시킴으로 배우자를 발견하고 가족과 사회, 국가에 대한 이해를 깊게 하여 시민이자 가정인으로서 독립하기 위한 최후 마무리를 하는 시기이다. 이 시기는 여성교육으로 아내와 어머니로서의 역할을 감당하는 데 중요성을 두고 있다.

이렇듯 에밀은 한 고아가 이상적인 교사에 의해 교육을 받아 성장하는 내용으로 유아는 원래 천성이 선하고 착하지만 악한 사회 속에서 살아가면서 부정적인 이미지를 갖기 때문에 자연주의 사상을 주장하였다. 이는 선하고 자유로운 자연으로 돌아가며, 인간 본연의 선함으로 자유로운 놀이를 통하여 이상적인 교육이 이루어진다고 강조하고 있다. 루소의 사상은 현재 많은 영유아교육기관에 영향을 주고 있다.

(3) 페스탈로치(Johnn Heirnrich Pestaloggi, 1746~1872)

페스탈로치는 현재 교육 현장에서 많이 쓰이는 교수법의 기초를 구성한 스위스의 교육자이다. 페스탈로치의 교육방법은 자발성의 원리, 조화의 원리, 기초 도야의 원리, 직관의 원리, 사회의 원리이다. 페스탈로치의 유아교육 사상은 가정교육의 중요성을 나타낸다. 페스탈로치는 루소의 자연주의 사상을 반영하고 유아의 발달을 강조하는 기본적인 기술을 가르치는 것을 매우 실용적인 교수방법이라고 주장하였다. 그러나 루소는 개별적인 교육이 효과적이라고 주장하는 것과 반대로 페스탈로치는 집단 안에서 또래와의 상호관계에서 많은 것을 학습한다고 주장하였다.

- 자발성 원리: 주입식교육이 아닌 학습자의 내부 잠재력 계발 중시
- 직관 원리: 사물을 조작하며 스스로의 직관에 의해 지식을 구성
- 전인교육 원리: 3H교육은 지능(Head), 종교(Heart), 기술(Hand)을 강조하여 지성과 영성과 실천이 통합된 전인적 인간상 구현

(4) 프뢰벨(Friedrich Wihelm August Fröbel, 1782~1852)

독일의 교육사상가 프뢰벨은 유치원의 아버지로 알려졌으며 학습과 교육과정 그리고 교사연수에 대한 개념을 재정립하였으며, 2~6세 유아들을 대상으로 유치원을 시작하였다. 그의 일생은 영유아를 위한 교육기관 개발에 헌신하였고 루소와 페스탈로치의 자연주의 사상에 영향을 받았다. 그의 교육은 유아속의 신성을 표현하는 것이 목적이다.

유아교육 내용을 보면 ① 종교교육 ② 자연과 수학교육 ③ 언어와 예술교육 ④ 놀이와 유희가 있다.

유아교육 방법으로는 ① 자기활동의 원리 ② 놀이와 원리 ③ 통일의 원리 ④ 노작의 원리 ⑤ 사회성의 원리가 있다.

프뢰벨은 은물로 자연, 즉 우주를 단순화하여 자신의 자연과학적인 사고, 우주의 법칙인 공 모양을 바탕으로 교육이론을 전개하였다. 은물은 단지 외적인 신체활동을 위한 것이 아니라 정화활동과 같은 내적인 활동을 발달시키기 위한 것이다. 은물을 제작한 목적은 첫째, 유아에게 신의 역할을 알게

하여 유아의 창조력을 불러일으키는 것이다. 이는 신성을 가진 유아의 자발적인 활동을 촉진하기 위한 것이다. 둘째, 앞의 놀이를 따라 계속 이어지는 다음 놀이의 시작 속에서 이미 앞에서 실시한 놀이내용이 포함되어 있어야 한다. 유아발달은 비약적이지 않고 연속적이기 때문이다. 셋째, 유아의 여러 가지 능력은 인식과 정서 능력이 동시에 훈련되면서 발달하게 된다. 그때마다 단련되어진다. 프뢰벨은 유아교육이론에서 가정교육의 중요성을 인정하고 이를 유아교육의 연장으로 보았다. 그 이후에는 유아교육기관의 교육을 담당하는 교사를 위한 교육이 발달하게 되었다.

4) 현대의 유아교육

(1) 듀이(John Dewey, 1859~1952)

20세기의 대표적인 교육사상가로 진보주의 교육사상을 펼친 교육실천가이다. 진보주의(progressivism) 교육사상은 변화를 핵심 개념으로 한다. 즉, 전통적 철학에서 벗어나 항상적 변이(constant variation)를 주장하고 있다.

진보주의는 서구의 전통적이며 권위적인 교육으로부터 유아의 자유와 인권을 중시하며, 교육을 과학적 연구 위에 기초하여 개혁하자는 일종의 교육의 생활화 운동이다. 진보주의 사상은 당시까지의 전통적 교육에 대한 도전과 반작용으로서, 유아가 장차 변화하는 사회에 나가서 적응하며 살아가는 실용적 생활 능력을 갖추도록 돕는 것을 교육의 목적으로 삼았다.

또한 듀이의 진보주의교육 사상은 그의 사상적 기반인 실용주의 철학에 뿌리를 두고 있는데, 듀이는 기존의 이상주의적이고 기계주의적인 교육을 비판하고 교육의 실용성을 강조하였다. 따라서 프뢰벨의 상징주의를 비판하면서 인간과 환경 간의 상호작용의 개념을 제시하였다. 진보주의교육은 이상이나 관념의 추구가 아니라 생활이며, 성장이고 계속적인 경험의 재구성인 동시에 사회화 과정이다. 듀이는 유아의 개성에 대한 존중, 자유스러운 활동의 존중, 남녀 유아가 자신의 소질을 최대한 개발할 수 있는 기회의 허용 등 유아 중심 사상을 발전시켰다.

듀이에 따르면 삶이 곧 경험이며 경험이 바로 교육이다. 따라서 삶과 교육은 불가분의 관계인 것이다. 또한 그의 교육방법은 행함으로써 배운다(learning by doing)라는 말에서 의미하듯이, 교사 중심보다는 유아의 직접 경험을 강조하였으며, 교과서 중심의 교육보다는 주변의 다양한 경험을 재구성하도록 하는 것이었다.

(2) 몬테소리(Montessori, 1870~1952)

몬테소리는 이탈리아 최초의 여의사이며 여성 박사로, 우수한 성적으로 대학을 졸업하고 로마대학병원 정신과에서 인턴으로 근무하면서 정신지체아에 대한 교육방법에 관심을 가졌다. 그 결과 검증된 지도법을 일반유아에게로 적용하여 몬테소리교육방법을 발전시켰다. 1907년부터 3~7세 유아들을 대상으로 한 산 로렌조 지방에 카사 데 반비니(Casa Dei Bambini) 어린이집을 운영하게 되었다. 몬테소리는 프랑스의 세강과 이타르에서는 생리학적 접근방법, 다윈과 헉슬리를 통한 진화론과 과학적 방법을 기초한 준비된 환경의 중요성, 프로이트의 정신분석, 왓슨의 행동주의적 입장, 루소와 페스탈로치, 프뢰벨로 이어지는 자연주의 교육 사상의 맥을 이어갔다. 몬테소리는 다양한 이론들을 통합하고 발전시켜 유아의 능동적 정신을 인정하고, 교육의 출발점으로 보고 있다. 몬테소리 교육 사상은 민감기, 흡수정신, 제한된 자유, 준비된 환경 및 자동교육 등과 같은 원리를 통해 유아가 능동적이고 자유로운 존재라고 주장하였다.

민감기란 유아가 특정 행동에 대해 민감하여 특정한 기술을 쉽게 배울 수 있게 발달하는 특정시기이다. 그리고 유아는 0~6세에 각 개인마다 다르게 나타나며 이 시기에 나타나는 행동특성도 다르다. 유아 자신이 민감기에 맞는 특정한 기술을 작업을 할 때 흡수정신이 최대화한다.

흡수정신은 자발적이고 계획적인 노력으로 획득되는 것이 아니라 정신능력을 통하여 환경을 빨아들이듯 강하게 학습하는 자연적 발달에 의한 결정적 시기에 이루어진다. 흡수정신은 무의식적 흡수정신과 의식적 흡수정신의 2단계를 거친다. 무의식적 흡수정신(0~3세)은 유아가 준비된 환경에서 교재·교구를 모방, 운동, 손으로 하는 쥐는 행동과 조작작업을 통해 무의식적으로 하는 행동이 스스로의 내부적 정신능력을 발달시킨다. 의식적 흡수정신(3~6세)은 무의식적으로 흡수하여 발달시킨 내부적 정신발달을 의식적으로 환경을 흡수하여 자신 스스로의 내부적 정신발달을 완성해 나가는 시기이다. 이 시기단계는 유아가 의식적이고 계획적으로 유아 자신의 주변 환경과 상호작용하면서 유아 자신이 갖고 있는 능력들을 정교화하는 단계이다.

준비된 환경이란 유아의 발달단계에 맞게 적절하고 다양한 물리적 환경과 교재교구를 함께 제공한다면 유아는 자기 스스로 발달욕구에 적합한 자료를 선택하여 자율적으로 학습한다는 것이다.

자동교육이란 준비된 환경과 자기 수정을 통해 유아 스스로 내재된 동기에 의해 발달욕구에 맞는 교구교재를 선택하여 마음대로 연습하고 작업을 지속적으로 할 수 있어 자료와의 상호작용을 통해 행동을 수정하게 된다. 현대 영유아 프로그램에서도 몬테소리가 직접 개발한 교구 사용법이나 교육원리를 활용하고 있다. 몬테소리 프로그램 내용은 일상생활영역, 감각교육영역, 수학교육영역, 언어교육영역, 문화교육영역 등 5개 영역으로 나누어진다.

- 일상생활영역: 유아가 사는 일상적인 생활 중에서 매일 접하는 작업을 수행함으로써 기본생활습관과 사회적 기술을 습득하여 독립심과 자립심을 키워 고차원의 문화와 인격 창조를 목적으로 한다. 일상생활영역의 교육내용은 기본동작, 환경에 대한 배려, 자기 자신에 대한 배려, 사회에의 적응, 동작의 분석과 조정교육으로 구성되어 있다.

일상생활영역

• 감각교육영역: 유아가 태어날 때부터 가지고 있는 감각기능을 더욱 정교하고 예민하게 개발하도록 하는 것을 목적으로 한다. 감각교육영역의 교육내용은 시각, 촉각, 미각, 후각, 청각으로 구성되어 있다.

감각교육영역

• 수학교육영역: 유아는 어릴 때부터 일상생활에서 수학 개념들을 경험한다. 몬테소리 수학교육은 교구를 사용하여 십진법을 이해하고 0의 기능과 1~100만 단위까지의 위계를 이해할 수 있다. 수학교육영역의 교육내용은 1~10까지의 양과 수, 수의 소, 십진법 소개, 연속수 소개, 사칙연산(덧셈, 뺄셈, 곱셈, 나눗셈), 암산에 의한 사칙연산, 분수, 시계로 구

성되어 있다.

수학교육영역

• 언어교육영역: 유아가 언어의 기본능력을 길러 모국어를 정확하게 수용하고 표현하도록 발달시켜 문화 전승과 창조의 힘을 발달시키고 사고력과 이해력을 증진시켜 논리적이고 과학적 사고를 갖는 것을 목적으로 한다. 언어교육영역 교육내용은 언어활동을 위한 준비, 듣기·말하기, 읽기, 쓰기, 품사와 문법으로 구성되어 있다.

언어교육영역

• 문화교육영역: 유아는 다양한 경험을 통해 주어진 문화를 이해하고 적응하고 호기심을 갖는다. 몬테소리교육은 유아 때부터 문화의 민감기로

서 문화를 인식하고 습득할 수 있는 환경을 형성하여 문화 습득을 목적으로 한다. 문화교육영역 교육내용은 지리, 역사, 생물, 미술, 음악으로 구성되어 있다.

문화교육영역

2 심리적 기초

1) 성숙주의

성숙주의이론은 인간의 발달이 이미 정해져 있으며 생물학적·내재적·유전에 의한 내용과 순서에 따라 이루어지는 과정이다. 물론 환경적 요인들이 유아발달에 영향을 줄 수 있지만 본질적으로 변화가능성은 내적인 힘이라고 본다. 이 이론은 다윈, 홀 등의 발달의 예정론적 입장을 근원으로 하고 있고 홀의 제자였던 게젤(Gesell)의 표준행동목록과 학습준비도 연구에 의해 성숙이라는 용어를 사용하였다. 아동의 성장과 발달은 유전적으로 프로그래밍된 일련의 발달적, 생물학적 시간표에 따라 이루어지며 성숙이 이루어질 때 까지 기다려야 한다. 표준행동목록은 유아의 신체적·지적·사회적·언어적 행동발달을 세밀하게 관찰하여 정상적으로 진행되고 있는지를 연령별로 비교하는 기준과 개인차를 고려하기보다는 유전을 강조한 고정된 발달개념을 강조하여 유아교육의 내용으로 활용되기도 하였다.

게젤의 성숙주의이론에 따르면 인간발달 과정에는 일정한 원리가 있다. 그 원리는 다음과 같다.

첫째, 발달에는 정해진 순서와 방향이 있으며, 이러한 발달 순서는 일정하게 이루어진다. 일반적으로 발달은 머리에서 목, 어깨, 팔, 손, 손가락, 몸통, 다리, 발 중심으로, 영유아의 몸은 중심에서 말초로 일정한 방향으로 발달한다는 원리이다. 영아는 처음 뒤집기 때 몸통을 이용하고, 두팔과 두발로 기는 능력이 생기고, 이후에 팔을 움직이고, 나아가 손가락을 적절하게 사용한다.

둘째, 상호적 교류의 원리

영유아는 나이를 먹어 가면서 계속 발달변화가 일어나지만, 대칭되는 두

부분에서 한 부분씩 발달한 뒤 균형적으로 통합·발달되어 간다. 오른손의 동작발달이 먼저 이루어지고 왼손의 동작발달이 이루어진 뒤 양손을 고루 사용한다.

셋째, 기능적 비대칭의 원리

인간은 상호적 교류의 원리에 의해 균형적이고 통합적으로 발달하지만 서로 완벽하게 대칭되기보다는 약간의 불균형이 오히려 기능적일 수 있다는 원리이다. 예를 들면, 신생아 경우 경직성 목반사와 같은 자세로 펜싱의 경우 한쪽 팔다리는 구부리고 다른 한쪽 팔다리는 쭉 펴는 것이 비대칭의 한 예로 볼 수 있다.

넷째, 자기규제의 원리

영유아 스스로가 자신의 수준에 맞도록 성장을 조절해 나가는 것이다. 즉, 자신의 능력에 맞추어 자기규제를 하면서 발달해 나가는 과정을 나타낸다. 예를 들면, 아동 스스로가 자신의 발달 속도를 조절하고 이끄는데 아동이 자기 규제 능력으로 인해 부모나 교사가 과도하게 발달을 이끌어가려 하면 저항한다.

2) 행동주의

행동주의이론은 인간발달에 미치는 환경의 영향력을 중요한 관점으로 보고 있다. 즉, 인간발달이란 어떤 환경에서 어떤 경험을 했느냐에 의해 행동이 변화하는 것이라고 본다. 따라서 영유아발달을 이해하기 위해서는 내면의 사고나 감정의 연구보다는 영유아의 행동을 직접 관찰하고 측정할 수 있는 행동을 연구하는 것이 더 중요하다고 주장한다. 행동주의 대표적인 이론학자인 파블로프, 왓슨, 손다이크, 스키너 등의 학습원리와 인간 행동발달과 변화에 대한 설명으로 행동주의를 설명하고 있다. 여기에서는 파블로프와 스키너, 반두라를 중심으로 살펴보고자 한다.

(1) 파블로프(Ivan Pavlov, 1849~1936)의 고전적 조건형성

소화생리학자인 파블로프는 러시아의 한 신부의 아들로 태어났다. '개의 침샘에 관한 연구'를 실험하고 논문을 썼으나 세상에 발표하지 못하였다. 하지만 학자로 변화하면서 철저한 실험주의자가 되었다. 그는 1904년 소화생리에 관한 연구로 노벨상을 수상한 이후, 개의 소화과정에 대한 실험과정에서 개가 먹이를 주지 않아도 발자국 소리만 듣고 침을 흘린다는 사실에 흥미를 가지고 새로운 연구문제에 도전하였다. 따라서 그는 개의 타액 실험장치를 통한 실험연구를 거치면서 고전적 조건형성 원리를 확립하게 되었다. 고전적 조건형성의 기초를 살펴보면, 소거(extinction)는 조건반응이 형성된 후에도 무조건 자극을 주지 않고, 조건자극만 반복해서 제시할 때 조건반응이 점차 사라지는 경향을 말한다. 예를 들어, 조건자극이 있다고 하더라도 음식을 주지 않고 종소리만 몇 번 들려주면 더 이상 타액을 분비하지 않는다는 것을 의미한다. 자발적 회복(spontaneous recovery)은 소거가 사라진 후에도 일정시간이 경과한 후 조건자극을 다시 제시하면 조건반응이 우연히 일어나지만, 이는 일시적인 현상으로 무조건 자극과 주기적으로 결합시키지 않으면 사라지는 것이다. 자극 일반화(generalization)는 조건 형성이 된 후 조건화된 자극과 유사한 자극에 조건 반응을 나타내는 현상이다. 예를 들면, 특정한 종소리에 타액 분비가 되도록 조건 형성이 된 경우에는 다른 종소리에도 비슷한 반응을 보이게 된다. 자극 변별(discrimination)은 원래의 조건자극에만 반응하고 다른 유사한 자극에는 조건반응이 나타나지 않는 현상을 말한다.

(2) 스키너(Brrhus Frederic Skinner, 1904~1990) 조작적 조건형성

스키너는 1904년 미국 펜실베이니아 주의 변호사의 아들로 태어나 화목한 유년기를 보냈다. 스키너는 행동주의이론을 특히 조작적 조건형성이론이라고 본다. 스키너는 파블로프의 실험에서 개가 음식을 보고 반사적으로 침을 흘리는 것과 같은 행동을 반응적 행동이라고 본다. 조작적 행동은 어떤 행동이 야기하는 결과에 의해서 행동이 통제되는 것을 말하는데, 유아가 한 행동에 대해서 칭찬을 하면 그 행동이 다시 일어날 확률은 높아지지만, 벌을 받으면 그 행동은 다시 낮아진다. 이와 같이 스키너는 조작적 행동은 강화와 벌에 의해서 조건형성이 나오며, 조작적 학습 경험의 결과로 습관에서 나온다고 하였다.

이를 통해서 스키너는 강화에 대한 개념들을 정리하였다.

- 강화는 반응의 확률 또는 강도를 증가시키는 과정 및 결과를 포함시킨다.
- 조작적 조건형성에서 긍정적인 결과를 얻기 위해서는 긍정적인 행동을 반복하고, 반면 부정적이거나 중립적인 결과가 도출되면 그 행동을 반복하지 않는다고 설명한다.
- 강화의 유형은 정적강화(positive reinforcement)와 부적강화(negative reinforcement)로 구분된다. 정적강화는 유아가 좋아하는 자극을 제공함으로써 반응의 확률을 높이는 것이다. 부적강화는 유아가 좋아하지 않는 자극을 제거하는 것으로 반응을 강화한다. 예를 들면, 유아가 싫어하던 기존의 어떤 자극을 제거함으로써 행동을 유발한다.
- 강화물은 음식이나 칭찬, 성적, 스티커 같은 학습된 강화물이 포함된다.
- 강화 스케줄은 강화의 횟수와 시간에 따라 고정간격 강화, 고정비율 강화, 간헐간격 강화, 간헐비율 강화 등으로 나눌 수 있다. 고정간격 강화계획은 고정된 시간을 기준으로 반응에 강화하는 방법이다. 예를 들면, 중간고사, 기말고사, 봉급으로 예측할 수 있는 고정된 시간을 기준으로

성적이 올랐을 경우 칭찬이나 선물을 주는 것이다. 고정비율 강화계획은 일정한 반응 회수가 나타난 뒤에 하는 강화방법이다. 예를 들면, 단어 300개를 외우면 10분 휴식 등을 주는 강화방법이다. 변동간격 강화계획은 예측할 수 없도록 설정하여 시간 간격이 불규칙하고 수시로 강화를 하는 방법이다. 예를 들면 사전 예고 없이 쪽지 시험을 보는 변동비율 강화계획은 반응 횟수에 대한 반응 비율이 고정되지 않고, 간헐적으로 강화하는 방법이다. 예를 들면 복권이 있다.

(3) 반두라(Albert Bandura, 1925~) 사회학습이론

반두라는 캐나나 엠버타의 작은 마을에서 태어났다. 그는 '인간이 사회적 동물로서 다른 사람의 행동을 모방하여' 학습과 발달이 이루어지는 것에 주목하였다. 관찰학습은 반복적인 직접 행동의 경험과 반복으로 학습되지만 타인이 강화받는 행동을 의식적으로 관찰하고 모방하는 행동만으로 새로운 행동이 나타난다. 관찰학습은 모델링이나 대리학습이라고 한다. 예를 들면, 관찰학습이 실제 인물이나 위인전을 통해서 모델의 사고, 태도, 외현적 행동을 모방하거나 순응하여 관찰의 대상이 되는 반을 이끌어내는 자극을 말한다. 그림, 만화나 영화, 종교적 인물, 책이나 TV의 주요 등장인물을 통해서 새로운 행동을 한다. 반듀라는 관찰학습에서 주의과정, 운동재생과정, 재생과정, 동기화과정을 거친다.

- 주의단계: 어떤 행동을 주의 깊게 주목하고, 사회의 힘, 특정 모델의 유사성에 근거하여 정보를 선택하여 주의를 집중하는 단계이다. 이야기 나누기 활동 시 주의 집중을 잘 할 수 있도록 생생하고 뚜렷한 목소리로 손유희, 수수께끼, 유아가 집중해서 잘 들을 수 있도록 장치를 제공한다.
- 파지단계: 관찰하는 것을 간결하고 상징적인 형태로 기억하게 만드는

일로 모델의 행동을 상징적 형태로 기억해 두는 과정으로 관찰한 것을 상징화하여 이해하고 조직화하는 것이다. 기억을 위한 방법으로 유아에게 시각적 과정과 언어적 부호화방법이 유용하다. 예를 들면, 유아가 동네 산책을 할 때 집에 돌아오는 길을 부모님과 함께 동네의 건물들과 간판들을 시각적 과정과 언어적으로 부호화하여 집으로 돌아가는 길을 기억하는 데 도움을 줄 것이다.

- 재생단계: 관찰했던 행동을 정확히 모방할 수 있도록 실제 행동을 연습하고 잘 할 수 있을 때까지 반복하는 단계로서 자신의 관찰과 비교하여 스스로 교정하여 연습한다. 예를 들면, 유아는 형이 공을 발로 차는 행동을 보았을 때, 공이 정확하게 날아갈 수 있도록 계속 반복적으로 연습하는 행동은 모방할 수 있다.
- 동기화단계: 관찰한 행동을 모방하고자 하는 동기와 학습의욕을 갖는 것이다. 유아는 칭찬받는 모방행동을 잘 관찰하고 잘 기억하고 지속하려는 경향이 보인다. 즉, 강화요인이 있어야 행동으로 나타나게 되는 것으로 긍정적인 결과를 얻을 것이라고 예측할 수 있는 동기화가 행동으로 연결될 수 있다. 예를 들면, 유아가 유아교육기관에서 스스로 활동을 할 수 있는 의지가 생길 수 있도록 강화요인을 제시한다.

3) 구성주의

구성주의란 유기체가 환경의 상호작용을 통해 지식을 스스로 구성하며, 인간의 발달이 유전과 환경의 상호작용에 통해 이루어진다고 보는 이론이다. 이 이론은 영유아가 주변환경과 적극적인 상호작용을 함으로써 경험을 통해 자기 스스로 지식을 구성해 나간다고 보았다. 인간의 지적 발달이 환경과의 상호작용을 통해 어떻게 변화되어 가는가를 연구하는 대표적인 학자로는 피아제

(Piget)와 비고스키(Vygotsky)가 있다.

(1) 피아제(Jean Piget, 1896~1980) 인지이론

인지발달이란 환경에 의한 적응력 발달을 의미하며, 인간이 경험으로 설명할 수 있는 모든 정신과정을 포함하는데, 인간은 동화와 조절을 사용하여 자신의 도식을 평형상태로 유지하면서 환경에 적응한다.

즉, 인간의 인지는 신체와 마찬가지로 어떤 구조를 가지고 있으며, 자신의 인지구조와 일치하지 않은 새로운 환경에 대한 인지적 부적응 상태를 극복하기 위해서 자신의 인지구조를 변형하거나(조절), 새로운 자극을 자신의 도식에 연결하여 이해하는(동화) 과정을 통해 인지적인 적응상태(평형)에 이루게 된다. 이렇듯 피아제의 아동 지적 발달이론은 구조가 변화하고 발달되어 가는 과정을 기술한 것이다.

피아제는 지적 발달이 두 가지 성숙단계를 거쳐 발달한다고 주장하였다. 첫째, 출생부터 약 2세까지로 감각운동적 지능이다. 두 번째 단계는 2세 이후로 개념적 지능이다(김미경 외, 2018). 피아제가 주장한 인지발달단계는 감각운동기(sensori motor stage), 전조작기(preoperationa stage), 구체적 조작기(concrete operational stage), 형식적 조작기(formal operational stage) 등 4단계이다.

- 감각운동기(sensori motor stage)는 출생에서 2세경에 끝난다. 이 시기 유아의 행동은 자극에 대한 반응으로 자극은 감각이며 반응은 운동이다.
- 전조작기(preoperationa stage)는 2세에서 7세까지의 시기이며, 유아의 언어가 급격히 발달하고 상징적 사고력이 증가하는 시기이다. 이 시기에는 물활론적 사고와 직관적 사고가 특징이다.
- 구체적 조작기(concrete operational stage)는 7세에서 12세 시기에 나타

나는데, 이때 가역성과 보존개념의 획득, 유목 포함, 분류화, 서열화가 가능해진다.

- 형식적 조작기(formal operational stage)는 청년기에 해당하는 시기이다. 각 발달단계 순서는 순서대로 진행되지만 각 개인의 발달에 따라 차이가 존재한다.

피아제이론은 유아의 내적 요인인 인지발달의 본질에 대한 근본적인 변화를 이론화하였다. 그 변화의 핵심은 성숙주의와 행동주의이론과 달리 유아가 지식과 지능을 구성하는 데 있어 능동적인 주체자가 되어 지식을 단순히 축적한 결과가 아니라 유아가 환경과 상호작용하여 내적으로 수용하는 지적체계와 발달을 구성하는 데 의의가 있다.

(2) 비고츠키(Vygotsky, 1896~1934) 사회문화이론

비고츠키는 피아제와 마찬가지로 인지발달단계를 거친다고 보고 있지만 모든 아동이 똑같은 인지발달단계를 거친다고 보지 않고 사회적 상호작용을 강조한 면에서는 피아제와 차이가 있다. 그는 유아 스스로가 과제를 해결할 수 있는 실제적 발달수준과 자신보다 인지적으로 유능한 또래나 성인의 도움을 받아서 해결할 수 있는 잠재적 발달적 수준의 차이를 근접발달지대(ZDP: Zone of Proximal Development)라고 명명하며, 교사는 유아에게 도전적인 과제를 제시하여 비계설정(scaffolding)함으로써 근접발달지대의 발달을 도모하게 하였다. 이러한 사실로 미루어 보아 유아는 성인이나 자신보다 발달이 빠른 또래와의 사회적 상호작용으로 유아의 잠재적 발달수준까지 발달을 앞당길 수 있다고 보았다. 피아제는 유아가 발달수준에 적합하고 능동적으로 환경을 탐색하며 교육과정에 적극적으로 참여할 때 학습의 효과가 이루어진다는 원리이며, 비고츠키는 유아의 능동적인 교육 참여와 더불어 교사의 역할과 주변 또래와의 역할을 강조하였다.

4) 브론펜브레너(Bronfenbrenner, 1917~2005) 생태학적 이론

생태학적 이론은 유아를 둘러싼 여러 환경 체계의 영향에 초점을 맞춘 이론으로 브론펜브레너(Bronfenbrenner)에 의해 주창되었다. 이 이론은 유아가 자신을 둘러싼 다양한 환경과 역동적이고 복잡한 관계체계 안에서 발달한다는 것이다. 즉, 유아의 발달은 수동적인 발달이 아니라 능동적인 존재로서 환경에 직접적인 영향을 주며 유아가 생활하는 폭넓은 사회적·문화적 체계로부터 유아의 발달을 이해해야 한다. 브론펜브레너의 생태학적 환경은 미시체계, 중간체계, 외체계, 거시체계, 시간체계 등의 동심원적 구조로 이루어졌다.

- 미시체계는 영유아에게 직접적으로 영향을 미치는 근접환경으로 유아의 가족, 친구그룹, 유아교육기관, 학교, 다른 가족, 이웃이 미시체계에 포함된다.

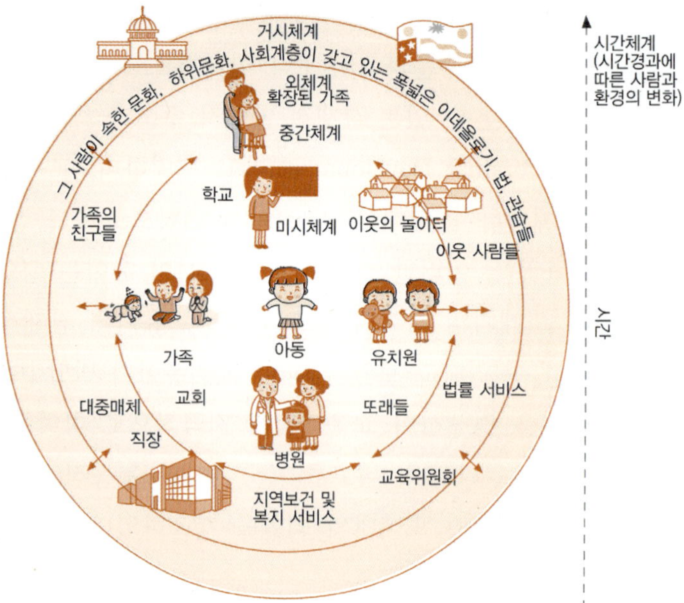

그림 1-1 브론펜브레너 생태학적 환경

- 중간체계는 두 개 이상 혹은 그 이상의 유아의 미시체계들 간의 상호관계를 말한다. 즉, 부모와 교사 간의 관계, 의사 그 외의 다른 전문가와의 관계, 전문가와 전문가의 관계, 형제관계, 이웃 간의 관계가 중간체계이다.
- 외체계는 유아가 직접 참여하지 않은 사회구조지만 영향을 받게 되는 사회적 환경을 의미한다. 예를 들면, 지역단체, 교회, 이웃들이 포함된다.
- 거시체계는 미시체계, 중간체계, 외체계가 포함된 모든 요소에 다 개인이 살고 있는 사회·문화적 환경까지 포함한다. 각 문화적 법적체계로서 가치관, 태도, 신념, 관습, 법 등이 거시체계에 해당된다. 이러한 체계 안에서 부모의 양육태도가 영향을 받게 되어 영유아에게 직·간접적인 영향을 주게 된다.
- 시간체계는 전 생애에 걸쳐 일어나는 변화와 사회역사적인 환경을 포함한다. 예를 들어, 이혼, 동생이 태어나는 것이 포함된다.

3 사회·문화적 기초

1) 가족 유형의 변화

전통적인 농경사회에서는 대가족제도가 집안의 노동력 확보를 위해서 일반적인 가족형태였지만 현대사회는 과학기술의 급속한 발달로 인해 산업화와 도시화가 되면서 대가족제도에서 부부 중심의 핵가족제도로 변화하였다. 이와 같은 핵가족 경향으로 인해 부모의 역할과 책임의 변화를 가져왔고, 자녀수가 적은 부부 중심으로 구성되면서 가족의 본래 기능인 자녀양육 및 사회화 기능은 약화되었다. 핵가족의 보편화는 가족의 해체가 증가되면서 한부모가족, 조손가족, 재혼가족 등 다양한 가족형태가 나타났다. 대가족에서 핵가족으로 변화하면서 부모를 제외한 사회적 관계 안에서 자녀의 양육에 대한 책임과 대인관계 기회가 감소되면서 가정을 통해 얻을 수 있는 언어와 태도, 예의범절, 사회화기능, 도덕적 윤리, 가치관, 기본생활습관 등 가족의 기본적인 기능이 약화되면서 유아교육기관의 부담이 더 높아지고 있는 실정이다.

이와 같은 현대의 가족 형태인 핵가족제도는 여러 가지 문제를 야기시켜 급기야 사회문제로까지 인식되고 있다. 이러한 사회적 문제에 대한 해결책으로 질 높은 교육의 필요성이 대두되기 시작하였다. 이러한 사회·문화적 변화를 기초로 하여 영유아 프로그램은 이러한 가족과 유아를 위한 서비스를 제공하기 위한 창의적 방법을 개발해야 한다. 영유아 프로그램에서는 현대의 문제로 대두되고 있는 양육의 문제를 보완하기 위해서 교육기관에서 오랜 시간을 보내는 유아들의 스트레스나 심리적 불안을 겪지 않도록 물리적·사회적·정서적 환경을 마련할 필요가 있다. 현대를 살아가는 부모는 자녀양육과정 중에서 바쁘고, 불안한 현실 속에서 혼자 양육하는 것이 두렵다. 영유아 프로그램을 개발하려면 부모와 지역사회의 협력과 교육공동체로서 가족을 지원하고, 부모와 유아의 관계회복, 나아가 자신과 자신의 살고 있는 지역사회와 교육공동체로서의 책무를 연결시키고 사회적 공동체를 형성하여 사회에 기여하는 영유아 프로그램을 준비할 필요가 있다.

2) 여성의 사회진출

1960년 이후 여성해방운동의 영향으로 세계 대부분의 여성들은 사회로 진출하였다. 여성이 남성과 동등한 교육기회를 제공받고 경제적 지위가 상승하였으며, 여성들의 자아실현의 욕구가 강해졌다. 또한 변화된 사회의 산업구조는 여성인력을 필요로 하였다.

표 1-1 한국여성 경제활동 참가율

연도	1970	1980	1990	2000	2010	2015	2016	2017	2018	2019
참가율	38.5	42.8	47.0	49.4	49.4	51.8	52.2	52.7	51.8	54.1

출처: 통계청(2019). 경제활동인구조사.

만 15세 이상의 인구를 대상으로 실시한 경제활동인구조사에 따르면, 우리나라 여성 경제활동이 해마다 증가하여 1970년에는 전체 여성인구 38.7%, 1990년은 47.0%, 2000년은 49.4%, 2010년에는 49.4%, 2019년 10월 기준으로는 54.1%로 해마다 증가하는 추세이다. 다소 증감은 있지만, 최근 10년간 여성 경제활동 참가율은 전체 경제활동 인구 중 50%선을 유지하고 있다(통계청 2019). 2016년 OECD 35개 국가 여성 경제활동참가율은 우리나라 여성 경제활동 참가율은 52.2%를 기록해 OECD 평균치 63.6%를 밑돌고 있다. 이는 OECD 국가 중 그리스 60.4% 다음으로 우리나라 여성의 경제활동 참가율은 하위권에 있음을 알 수 있다(OECD, Employment Outlook 2017/통계청, 경제활동인구조사 2016 재인용). 이렇듯 산업구조의 급격한 변화로 여성 경제활동이 늘어난 우리나라 현실에서 여성의 가정에서 주된 역할인 가사와 자녀양육의 문제를 사회가 고민해야 한다. 즉, 여성의 사회진출을 위해 유아교육기관에서 유아들이 좀 더 장시간 교육을 받을 수 있는 교육 프로그램이 증가하고, 가족 구성원 간의 역할 변화를 고려해

볼 때 자녀양육의 책임을 사회와 국가가 함께 해야 한다.

3) 저출산의 문제

우리나라는 6.25전쟁 이후 빈곤한 상황에서 인구 증가를 억제하는 가족계획사업을 실시하였다. 이 당시 사용한 '둘만 낳아 잘 기르자'는 표어는 인구 억제정책을 잘 보여주고 있다. 하지만 이제 우리나라는 저출산사회에 접어들어 인구감소를 걱정해야 될 시기에 이르렀다.

합계출산율(TER: Total Fertility Rate)은 한 국가의 출산력 수준을 나타내는 대표적 지표로서, 여성 1명이 평생 동안 낳을 것으로 예상되는 평균 출생아 수를 나타낸 연령별 출산율(ASFR)의 총합이다. 1960년 합계 출산율이 6.0명이었던 것이 1983년에는 2.1명으로 감소하였고, 2011년에는 1.24명으로 떨어졌다. 2006년 이후에는 출산장려운동에 힘입어 출산율이 상승하였지만 2016년 1.17%, 2018년 0.98% 감소한 것으로 나타났다(통계청, 2018).

출산율의 저하 요인은 개인적, 사회적 요인 등 다양하게 나타난다(김미경 외, 2018).

첫째, 개인적 요인으로 결혼관 및 자녀관 등에 대한 가치관의 변화가 시대가 흐름에 따라 변화하고 있다. 우리나라 사람들은 과거에는 결혼하면 많은 자녀를 가져야 한다고 생각했지만, 현재에는 결혼을 하면 반드시 자녀를 가져야 한다는 생각이 줄어들었다. 맞벌이 부부 중에서도 결혼하고도 아이를 갖지 않겠다는 등 자녀출산은 필수가 아닌 선택이 되었다. 독신을 희망하는 사람들의 숫자도 증가하였는데, 2017년 혼인·이혼 통계에서도 40대 여성의 초혼이 늘고 있다. 결혼연령이 10년새 2배가량 늘었는데, 2007년에는 여성 평균 28.1세, 27세 결혼이 가장 많았으나, 2017년에는 평균 30.2세, 29세 결혼이 가장 많았다(통계청, 2017). 혼인 건수도 34만 3,600명에서 26만 4,500명으로 약 4분의 1(-23%, 7만 9,100명)가량 줄었다. 인구 1,000명당 혼인율도 7.0명에서 5.2명으로 1.8명 줄었다(이데일리, 2018).

둘째, 사회적 요인으로는 여성의 사회 참여로 출산과 육아를 동시에 담당하고 있는 여성의 역할이 증대되었다. 여성은 사회와 가치관이 변화하고 잇는 것과 달리 출산과 육아를 과중하게 담당하고 있는 실정이다. 특히 우리나라 대부분 여성은 경제활동에 참여하면서 동시에 양육 역할까지 감당해야 하는 것이다. 통계청이 공개한 '2019년 사회조사 결과'를 살펴보면 2017년에는 45.6%였으나 2019년에는 국민 절반인 50.6%가 여성의 취업의 가장 큰 장애요인으로 육아 부담을 꼽았다(통계청, 2019). 이러한 결과를 살펴 볼 때 육아 부담은 모든 연령대에서 여성 취업의 가장 큰 장애 요소라고 볼 수 있다. 20대는 10명 중 4명이(43.4%), 30대는 63.1%, 40대는 56.4%, 50대는 48.6%가 육아 부담이 있다고 한다. 이러한 결과로 인해 육아지원시설이 많이 확충되었지만, 국가적 차원에서의 영유아 프로그램 개발과 제공은 시급하다. 저출산 현상과 관련하여 출산율 상승에 관심이 많았던 프랑스, 스웨덴 등은 적극적인 양육부담완화정책으로 이제 출산을 걱정하지 않고 있다고 한다. 대표적인 양육부담완화정책으로는 아동수당 지원, 무상유아교육 제공, 공적재정으로 운영하는 시설확충, 출산휴가와 육아휴직 등이 있다(나정, 2005). 우리나라도 출산율 저하 극복을 위해서 영유아 프로그램을 개발해야 한다. 미래에는 지금과 달리 특화된 영유아 프로그램을 개발해야 하는데, 유치원이나 어린이집을 이용하지 않는 영유아를 대상으로 하는 프로그램, 한자녀가정 영유아 프로그램, 한부모가정 영유아 프로그램, 조손가정 영유아 프로그램 등의 프로그램이 개발되어야 한다.

표 1-2 한국 합계 출산율

연도	1960	1974	1983	2000	2011	2014	2015	2016	2017	2018
참가율	6.0	3.6	2.1	1.47	1.24	1.20	1.24	1.17	1.05	0.98

출처: 통계청(2019). 경제활동인구조사.

4) 다문화사회

오천년 역사와 단일 문화, 단일민족 국가라는 전통적 자부심을 가진 우리나라도 세계화, 다문화 시대로 접어들고 있다. 행정자치부에서 공시한 '2018년 외국인주민 현황' 조사에 따르면, 우리나라에 거주하는 수는 205만 4,621명으로 2018년 11월 1일 현재 주민등록인구(5,162만)의 4%에 달한다. 즉, 인구 100명 중 4명은 외국인 주민인 셈이다(행정안전부, 2019). 이렇듯 외국인 주민이 증가함에 따라서 다문화가정이 증가하는 추세이다. 우리나라 2008년 다문화가족지원법이 제정되면서 다문화가정에 대한 다양한 지원과 정책 등이 세워지고 있지만, 여전히 다문화가정 자녀에 대한 문제는 나타나고 있다. 다문화가정이란 부부의 한쪽 혹은 둘 다 외국인으로 구성되어 있는 가정으로 국제결혼과 외국인 노동자의 유입으로 다문화가정이 늘어나고 있다.

다문화지원내용

① 가족상담 및 교육: 가족관계 개선을 위한 상담 부부교육, 부모자녀교육 등

② 방문교육서비스: 한국어교육, 부모교육서비스, 자녀생활서비스

③ 한국어교육: 1~4단계

④ 자녀 지원: 언어(한국어)발달지원, 이중언어 가족환경조성, 자녀성장지원사업 등

⑤ 통번역서비스 ⑥ 멘토링 ⑦ 자조모임 ⑧ 나눔봉사단 운영

이처럼 다문화사회로 진입하면서 다문화교육 필요성이 대두되었고 국가적으로 다문화 지원이 다양해지고 있다. 특히 다문화가정의 영유아가 많은 유아교육기관에서는 영유아가 서로 다름과 가치를 인정하고 존중하는 사회가 이루어질 수 있도록 해야 한다. 다문화영유아들과 서로 의사소통하고 상호작용할 수 있는 다문화영유아 프로그램 개발과 운영이 필요하다.

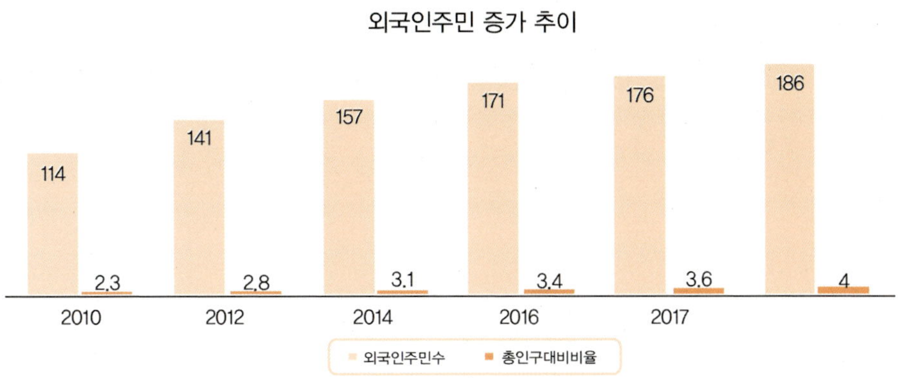

그림 1-2 외국인주민 증가 추이

출처: 행정안전부(2019).

Chapter 02

영유아 프로그램 개발

1 영유아 프로그램 개발 모형

영유아 프로그램 개발은 영유아발달에 적합한 프로그램을 통해 의미 있는 경험의 내용을 구성하는 것으로 개발 과정의 모형은 세 가지로 제시된다. 민성혜, 김송이, 김영애(2008)에 의하면 첫 번째 모형은 연구·개발·확산, 둘째는 기관 중심모형, 셋째는 협력적 모형이 있다.

1) 연구·개발·확산 모형

중앙의 연구개발센터에서 새로운 영유아 프로그램을 개발하여 현장 교사들에게 확산시켜 나가는 형식의 모형이다. 연구·개발·확산 모형은 중앙의 교육부나 보건복지부 등이 주체가 되어 국가·사회적 요구 등을 고려하여 프로그램을 개발하고 체계적으로 구성하여 적절성이 입증되면 전국의 유아교육기관에 보급하는 형태이다. 가장 대표적인 예시가 누리과정과 표준보육과정이라 할 수 있다.

강은진 등(2015)에 의하면 교육과학기술부의 주관으로 개발된 누리과정의 개발 과정은 다음과 같다. 유치원과 어린이집으로 이원화되어 있는 유치원교육과정과 보육과정을 통합하기 위해 교육과학기술부가 육아정책연구소에 위탁하여 만 5세 누리과정을 개발하였고, 공청회와 누리과정 취지 및 문제점에 대한 현장교사들과 전문가들의 의견을 취합하는 과정이 이루어졌다. 또한 2011년 개정된 유치원교육과정(만 5세 누리과정 포함), 누리과정 해설서, 교사용 지침서, 교사용 지도서, 보조자료(DVD) 등 총 4종의 교사용 자료를 개발·보급하였고, 전국의 유치원과 어린이집 교사 32,000명에게 15시간 집합연수와 30시간 원격연수 프로그램 이수를 통해 누리과정이 동일한 내용으로 시행되고 적용될 수 있도록 교사연수를 지원하였다.

이 모형은 국가·사회적 요구를 반영하여 전문가들에 의해 체계적으로 개발되었기 때문에 질적인 면에서 신뢰할 수 있는 검증된 프로그램이라 할 수 있으며 많은 유아교육기관의 교사들에게 지침서로 활용가능성이 높다는 장점이 있다.

이에 비해 현장의 적용과 실용성 측면에서는 부족함이 있을 수 있다. 국가·사회적인 요구 등에 기초하여 중앙 연구개발센터에서 프로그램 개발이 이루어지므로 직접 영유아를 교육하고 지도하는 교사들의 현장의 문제점과 지적 사항 등에 대한 요구는 간과되어 상대적으로 현장적용에 대한 활용도가 낮아질 수 있다.

2) 기관 중심 모형

기관 중심 모형은 프로그램을 실제 적용하는 교사가 주체가 되어 연구·개발·확산 모형의 단점을 부각시켜서 유아, 기관 및 지역사회의 특성을 반영하여 현장 중심의 프로그램을 개발하는 것이다. 이 모형은 교사가 자신의 전문성을 신뢰하고 자신이 지도하는 유아들을 잘 이해하고 파악하여 가장 적합한 프로그램을 개발할 수 있다는 가정에 근거하고 있다.

기관중심 모형의 장점은 다음과 같다(조덕주, 1999). 개발의 주체인 교사가 직접 계획 - 적용 - 평가함으로써 실천 가능성이 높으며, 해당 교육기관의 여건이나 요구, 학습자들의 발달 및 연구에 가장 적절한 프로그램을 개발한다는 측면에서 적합성이 있다.

실제로 유아교육기관 현장에서 고경력 교사가 자신이 담당한 영유아에게 적합한 활동들을 대략적으로 제시하고, 이를 국가수준 교육과정인 누리과정과 표준보육과정을 토대로 점검하고 평가해 보기도 한다. 이 과정에서 교사에 의한 프로그램 활용률이 높아지며 교사가 주도적으로 프로그램 개발에 참여하고 운영하기 때문에 만족감이 향상되고 연구능력, 전문성 등의 효능감이 향상된다.

반면 교사가 계획하고 개발한 프로그램의 실용성은 높을 수 있지만 전문가와 연계되어 검토되거나 개발되지 않으므로 교사의 경험, 지식 및 질적 수준에 따라 프로그램 구성이 체계적이지 못하거나 국가수준 교육과정 목표와의 연계성이 적거나 개별학급 기관의 상황을 고려한 프로그램의 특성상 보편적이지 못하고 신뢰성이 낮다는 단점도 지적되고 있다.

이에 프로그램 개발 분야의 전문가에게 조언을 구하거나 연계하여 프로그램을 개발하는 교사가 교육과정 목표에 달성가능하고 현장 중심의 전문적인 프로그램을 개발하고 실현될 수 있도록 지속적인 점검과 지원 체계가 필요하다.

3) 협력적 모형

우리나라는 연구·개발·확산 모형이 우선시되고 있으나, 간혹 영유아교육기관에서는 국가수준교육과정인 누리과정과 표준보육과정을 실행해야 하는 최소한의 프로그램 정도로 인식하는 시각도 존재한다. 이러한 연구·개발·확산 모형의 단점과 질적인 신뢰가 어렵다는 기관중심 모형의 위험성을 절충한 것이 협력적 모형이다.

협력적 모형은 중앙에서 개발한 프로그램의 실효성을 높이기 위해 중앙에서 개발되고 보급한 프로그램을 수동적으로 자신의 교실에 그대로 실행하기보다는 교실의 영유아, 기관의 상황, 지역 특징 등을 반영하여 융통성 있게 조정하고 재구성하여 맞춤형 프로그램으로 활용하는 것이다. 프로그램을 실행하는 과정에서 교사는 교실의 영유아에게 좀 더 밀접하게 관련되도록 수정·보완할 수 있고 현장 적용에 적절하지 못한 부분은 실행 가능하게 조정하여 활용하므로 프로그램의 질적 수준도 변화·발전하게 된다.

협력적 모형은 교사가 좀 더 주체적으로 프로그램을 활용할 것을 요구하고 있다. 이에 교사들에 대한 교육이 필수적이라 할 수 있다. 중앙의 연구개발자들이 개발한 국가수준 프로그램이 현실에 맞게 적용되기 위해서는 적극적인 교사 연수 및 자율장학 등을 통해 프로그램 활용성을 지속적으로 검토하고, 교수매체를 개발하여 프로그램 보급이 용이하도록 하며, 현장검증 및 연구활동을 통해 프로그램의 평가 및 수정과 보완이 이루어져야 한다.

2 개발절차

프로그램 개발은 일련의 과정으로 이루어진다. 일반적으로 제시되는 교수체제 개발 단계는 딕과 캐리(Dick & Carey, 1996)의 분석(Analysis), 설계(Design), 개발(Development), 실행(Implement) 및 평가(Evaluation)로 구성된 ADDIE 모형이다.

프로그램 개발절차는 요구분석, 프로그램 설계, 교재·교구 개발, 프로그램 실행, 평가로 이루어진다. 요구분석은 프로그램이 수행될 현장의 영유아, 부모, 영유아교육기관의 요구사항을 분석하는 단계이며, 프로그램 설계는 프로그램에 대한 요구 분석을 토대로 교육목표, 내용, 방법 등의 교수전략이나 매체 등을 선정하는 것이다. 세 번째 단계는 이에 따른 교재·교구 등의 교수자료와 환경을 개발하는 것이며, 프로그램을 현장에서 실행하는 절차를 거쳐 프로그램의 효과를 분석하고 평가하는 총괄 평가단계를 거치면 프로그램 개발절차가 마무리된다. ADDIE 모형을 기반으로 영유아 프로그램 개발절차를 제시하면 그림 2-1과 같다.

분석 → 설계 → 개발 → 실행 → 평가

그림 2-1 영유아 프로그램 개발절차 모형

이상의 내용을 단계별로 좀 더 자세히 살펴보면 다음과 같다.

단계	내용
분석 (Analysis)	요구 분석 학습자 분석 환경 분석 직무 및 과제 분석
설계 (Design)	목표 설정 교육내용 선정 교수학습법 선정 평가

단계	내용
개발 (Development)	교재교구 개발 환경 개발
실행 (Implement)	설치와 사용 유지 및 관리
평가 (Evaluation)	총괄 평가 교육성과 평가

1) 요구분석

요구분석이란 영유아 프로그램 대상의 요구를 바탕으로 프로그램의 진행 방향을 설정하기 위한 과정이다. 이를 위해 영유아, 부모 및 기관의 원장이나 교사들의 요구에 대한 자료를 관찰, 면접, 설문조사 등을 활용하여 수집하고 이를 체계적으로 조사하여 프로그램의 목표와 실행하고 가르쳐야 할 내용을 분석하게 된다.

(1) 영유아와 부모의 요구분석

영유아를 위한 프로그램을 개발하기 위해서는 무엇보다도 영유아의 요구를 파악하고 분석하는 것이 우선시된다. 영유아는 적극적으로 자신의 요구를 표현하지 못하므로 영유아의 발달에 적합하고 흥미와 관심이 있는 활동과 놀이 등을 교사가 자세하게 관찰하여 요구를 분석할 수 있고, 부모, 교사, 원장 대상의 설문조사를 통해 간접적으로 영유아의 요구를 파악할 수도 있다. 또한 사회·문화적인 상황과 맥락을 고려하여 영유아에게 요구되는 프로그램을 파악할 수도 있다. 이러한 요구를 바탕으로 영유아의 발달특성, 개인차와 영유아의 사회·문화적 상황 등을 고려하여 프로그램의 방향을 설정해야 한다.

(2) 교사 및 기관장의 요구분석

영유아교육기관의 교사와 원장의 요구를 파악하는 것도 필요하다. 교사와 원장의 교육 철학과 신념은 기관의 교육방향 설정에 영향을 미치고 반영되므로 기관의 운영방침, 원장과 교사 간의 프로그램 개발 합의 여부, 프로그램 지도 여부 등을 체계적으로 분석한다.

이러한 영유아와 기관의 요구분석을 통한 결과는 프로그램의 기본적인 방향을 설정하고 개발에 반영할 수 있다. 다음은 요구분석을 통해 구성된 2013년 3~5세 누리과정의 구성방향이다.

표 2-1 2013년도 3~5세 누리과정 기본방향

누리과정의 구성방향은 다음과 같다.
1. 질서, 배려, 협력 등 기본생활습관과 바른 인성을 기르는 데 중점을 두어 구성한다.
2. 자율성과 창의성을 기르는데 중점을 두고, 전인발달을 이루도록 구성한다.
3. 사람과 자연을 존중하고, 우리 문화를 이해하는 데 중점을 두어 구성한다.
4. 만 3~5세아의 발달 특성을 고려하여 연령별로 구성한다.
5. 신체운동 · 건강, 의사소통, 사회관계, 예술경험, 자연탐구의 5개 영역을 중심으로 구성한다.
6. 초등학교 교육과정과 0~2세 표준보육과정의 연계성을 고려하여 구성한다.

출처: 교육과학기술부 · 보건복지부(2012).

사례: S어린이집 기관 요구분석

항목	내용
설립년도	1998년
설립자	강○○
설립자 교육경력	15년
설립 동기	유아교육 전공자로 놀이 중심, 아동 중심 보육서비스를 제공
설립 이념	놀이 중심, 아동 중심 보육
원훈	유능하고 창의적인 어린이
시설 면적	건물 100평
시설 위치	구 시가지에 위치한 아파트 상가, 주변은 전통시장과 낡은 주택들이 많음
접근 용이성	통학버스 이용

항목	내용
기관 유형	민간 어린이집
운영방법	보육비에 의존
반 구성	만 2세 2개 반, 만 3세 1개 반, 만 4~5세 1개 반
교사 구성	원장, 보육교사 4인
운영 시간	오전 7시 30분~오후 7시 30분

사례: S어린이집 영유아 및 부모 요구분석

항목	내용
지역사회 소득 수준	저소득층
부모평균 학력 수준	고졸과 초대졸이 대부분
부모가 원하는 교실 규모	교사 대 영유아 상호작용 비율이 낮기를 바람
부모가 원하는 프로그램	학습 프로그램, 학습지, 야외활동
부모가 원하지 않는 프로그램	놀이중심 활동
영유아의 사전 기관경험	놀이방 경험이 많음

2) 설계

설계 과정은 목표 설정, 내용 및 교수학습방법, 평가로 이루어진다. 목표 설정은 프로그램이 지향하는 바를 나타낼 뿐 아니라 내용 및 교수학습방법, 평가의 방향을 결정하는 지침이 된다.

(1) 목표 설정

영유아와 기관의 요구가 분석되면 프로그램의 내용, 활동, 실행, 평가의 중요한 기준이 되는 목표를 설정해야 한다. 목적 및 목표는 프로그램의 방향을 제시하는 것으로 문헌 및 선행 연구를 통해 다양한 관점에서 논의하고 합의를 통해 목표를 구성해야 한다. 유아교육 프로그램의 경우 영유아의 발달적 특징, 욕구, 부모와 지역사회의 기대 등 사회·문화적 관점을 적용하여 통합적이고 균형있는 목표를 설정하되, 국가수준의 누리과정과 표준보육과정에서 제시하고 있는 목적과 목표를 고려해 보아야 한다.

2019년 개정 누리과정에서 제시하고 있는 교육과정의 목적은 "만 3~5세 유아의 심신의 건강과 조화로운 발달을 도와 민주시민의 기초를 형성하는 것을 목적으로 한다"이며 이를 달성하기 위한 구체적이고 실현가능한 목표는 다음과 같다.

가. 기본 운동 능력과 건강하고 안전한 생활습관을 기른다.
나. 일상생활에 필요한 의사소통 능력과 바른 언어 사용 습관을 기른다.
다. 자신을 존중하고 다른 사람과 더불어 생활하는 능력과 태도를 기른다.
라. 아름다움에 관심을 가지고 예술 경험을 즐기며, 창의적으로 표현하는 능력을 기른다.
마. 호기심을 가지고 주변 세계를 탐구하며, 일상생활에서 수학적·과학적으로 생각하는 능력과 태도를 기른다.

(2) 내용 및 교수학습방법

① 내용 선정

설정한 목표를 달성하기 위해 영유아의 연령과 발달적 특징에 부합되는 교육내용과 활동을 선정하여 조직하고 내용의 타당성, 학습가능성, 유용성 등의 원리를 고려해야 한다. 타당성의 원리는 반드시 가르치고 배워야 할 내용을 적절하게 포함하는 것이며, 영유아의 발달에 적합한 수준의 내용으로 구성되어 유아가 배울 수 있어야 하는 학습가능성의 원리 뿐 아니라 실생활에서 활용 가능하여 유아의 삶에 지속적으로 도움을 줄 수 있는 유용한 내용인지를 고려하여 선정한다.

프로그램 내용은 2019년 개정 누리과정 신체운동·건강영역에서 예시를 살펴볼 수 있다.

표 2-2 2019년 개정누리과정 신체운동·건강 영역 내용

내용 범주	내용
신체활동 즐기기	신체를 인식하고 움직인다.
	신체 움직임을 조절한다.
	기초적인 이동 운동, 제자리 운동, 도구를 이용한 운동을 한다.
	실내외 신체활동에 자발적으로 참여한다.
건강하게 생활하기	자신의 몸과 주변을 깨끗이 한다.
	몸에 좋은 음식에 관심을 가지고 바른 태도로 즐겁게 먹는다.
	하루 일과에서 적당한 휴식을 취한다.
	질병을 예방하는 방법을 알고 실천한다.
안전하게 생활하기	일상에서 안전하게 놀이하고 생활한다.
	TV, 컴퓨터, 스마트폰 등을 바르게 사용한다.
	교통안전 규칙을 지킨다.
	안전사고, 화재, 재난, 학대, 유괴 등에 대처하는 방법을 경험한다.

② 내용 조직

선정된 내용은 프로그램의 어디에, 어떻게 배치하고 전개할 것인지를 결정해야 한다. 내용이 어떻게 조직되느냐에 따라 프로그램의 교육적 효과를 극대화될 수 있다. 프로그램의 내용을 조직할 때는 다음의 원리를 고려한다.

- 계속성: 프로그램의 중요한 내용이나 활동을 반복적이고 연속적으로 경험하도록 조직하는 것이다. 한 번의 경험으로 내용을 완전히 익히고 습득할 수 없기 때문에 영유아에게 반복적으로 경험할 수 있도록 조직하는 것이다.
- 계열성: 내용이나 활동을 단순하게 반복하는 것이 아니라 내용의 폭과 깊이가 심화될 수 있도록 조직하는 것이다. 즉, 친숙한 것에서 친숙하지 않은 것으로, 구체적인 것에서 추상적인 것으로, 부분에서 전체로, 선행경험으로 시작하여 그 다음 경험으로 내용이나 활동을 조직하는 것이다.

- 통합성: 현재의 내용이나 활동이 다른 영역의 내용이나 활동과 관련성을 갖도록 조직하는 것이다.

다음의 표 2-3에서는 유아의 흥미, 관심, 연령별 특징 등을 고려하여 주제를 선정하고 의미있는 교육적 경험이 될 수 있도록 언제 실행할 것인지 시기를 계획하여 조직한 것이며, 표 2-4는 주제에 적합한 활동을 흥미영역별로 개발하고 조직한 것이다.

표 2-3 생활주제 및 주제 조직 예시

월	생활주제	주제
3월 1주 ~ 3월 5주	유치원과 친구	유치원과 환경 유치원에서 만난 친구 유치원 탐험놀이 함께 만드는 유치원 유치원에서의 안전
4월 1주 ~ 4월 5주	봄	봄의 생활 바람·공기와 생활
	동식물과 자연	궁금한 동식물 동식물과 우리의 생활 자연과 더불어 사는 우리
5월 1주 ~ 5월 4주	소중한 가족	사랑하는 우리 가족 다양한 가족 가족의 모습 가족에 대한 예절
6월 1주 ~ 6월 4주	우리 동네	우리동네 모습 우리동네 자연공간 우리동네 사람들 배려가 필요한 이웃
7월 1주 ~ 7월 3주	신나는 여름	여름 모습 물과 우리생활 더운 여름나기
8월 5주 ~ 9월 4주	교통기관	편리한 교통 기관 고마운 교통기관 교통 통신과 교통 생활 미래의 교통수단
10월 1주 ~ 10월 4주	세계 속의 우리나라	우리나라의 생활 우리나라 놀이·예술 세계 여러나라 생활 함께 사는 세계
11월 1주 ~ 11월 5주	가을과 자연	가을 생활 가을 풍경 숲(나무) 흙(돌)과 우리생활
12월 1주 ~ 12월 4주	겨울	겨울날씨 겨울 풍경 추운 겨울나기 새해 맞이와 놀이

월	생활주제	주제
1월 1주 ~ 1월 5주	생활도구	다양한 생활도구 생활도구를 움직이는 힘 생활도구로서의 미디어 우리는 발명가
2월 1주 ~ 2월 2주	초등학교에 가려면	궁금한 초등학교 즐거웠던 유치원

표 2-4 생활주제에 따른 활동 조직 예시

자연과 더불어 사는 우리 (5일간)

자유선택활동

[쌓기 놀이 영역]
- 독도 꾸미기

[역할 놀이 영역]
- 독도 수비대 놀이

[언어 영역]
- 채소 이름을 붙여 주세요
  동식물 사전

[과학 영역]
- 햇볕이 없어도 자라는 식물이 있어요

[수·조작 영역]
- 식물사전 만들기

[미술영역]
- 나무 접어 꾸미기
- 나무 그림 바느질하기
- 가지와 방아깨비
  - 초충도 꾸미기(명화)

이야기 나누기
- 주말 지낸 이야기
- 더운 나라에서 온 과일
- 독도 강치 이야기
- 북극곰의 눈물
- '바람'작품 제목 짓기

동화·동시·동극
- 작고 작은 들꽃(동시)
- 빨간 사과(동화)
- 반짝 반짝 날아올라(동화)
- 나는 북극곰이에요(동화)
- 탐험이 어떤 일인지 알고 있겠죠?(동화)

바깥놀이
- 바람을 찍어요
- 산책
- 줄넘기

동작활동
- 붉은 여우를 잡아라(신체표현)
- 북극곰을 구해주세요(게임)

음악
- 갯벌에는
- 어린이날 노래

표 2-5 생활주제에 따른 영역별 자료 조직 예시

영역	자료
쌓기 놀이 영역	• 독도 꾸미기 관련 소품 • 블록 류 (조립블록, 종이벽돌블록, 레고 블록 및 소품)
역할 놀이 영역	• 독도 수비대 놀이 소품 • 소꿉 등
언어 영역	• 채소 이름을 붙여주세요 • 동식물 사전 • 관련도서
수·조작 놀이 영역	• 식물사전 만들기 • 조작 놀잇감 등
과학 영역	• 햇볕이 없어도 자라는 식물이 있어요 • 실내정원 • 식물 가꾸기
미술영역	• 나무 접어 꾸미기 • 나무 그림 바느질하기 • 가지와 방아깨비 - 초충도 꾸미기(명화)
바깥 놀이	• 바람을 찍어요 • 산책 • 줄넘기
환경 구성	• 아껴 쓰면 좋아요 • 명화감상(봄의 어린이, 만발한 봄꽃들, 노란 새가 있는 풍경, 가지와 방아깨비) • 유아작품(동물을 사랑하자) • 책이야기, 나랑 친구랑 책이랑, 시가 있는 방 • 내가 좋아하는 동물은? 그래프

③ 교수학습방법

교수학습방법은 설정된 목표와 내용을 실현하는 것으로 유아의 학습동기를 이끌어 어떻게 학습을 안내할 것인지를 구체적으로 결정하는 것이다.

효율적인 교수 체계를 강조하던 과거의 교사 중심적 접근법에서 최근에는 아동 중심 사상에 관심을 갖고 유아가 주도하는 유아 중심적 접근법을 활용하도록 요구하고 있다. 교수학습방법은 프로그램의 지향 방향, 목표, 내용, 활동 특성, 기관의 운영 여건 등 세부적인 상황을 고려하고 교사 중심 접근법과 유아 중심 접근법 각각의 장·단점을 파악하여 적절하게 활용하는 것이 바람직하다.

교사 중심 접근법

교사 중심 접근법은 교사가 중심이 되어 계획한 지식이나 정보를 영유아에게 전달하여 수업을 주도적으로 접근하는 것이다. 짧은 시간에 대집단 활동을 통해 사실이나 개념을 말하여 전달하거나 수업실연하기 때문에 영유아의 적극적인 참여가 이루어지기 힘들다.

아동 중심 접근법

유아 중심 접근은 유아 중심에 기반하며 유아가 주도적인 역할을 하도록 격려하는 것으로 유아의 흥미, 능력, 경험 등 개인차를 인정하고 수용하며 자기표현을 장려하는 개방적인 분위기를 강조한다. Dewey의 아동 중심 사상, Piaget의 구성주의에서 이론적 배경을 찾을 수 있으며 학습목표나 내용을 유아가 주도적으로 계획하고 스스로 활동하면서 다양한 상호작용을 통해 문제해결 과정을 경험하게 된다.

김진영 등(2007)이 제시한 교사 중심 접근법과 아동 중심 접근법의 장점과 단점을 살펴보면 표 2-6과 같다.

표 2-6 교사 중심 접근법과 아동 중심 접근법의 장·단점

	교사 중심	아동 중심
장점	– 사실적 정보나 개념, 기술들을 정확하게 전달할 수 있다. – 짧은 시간 안에 효과적으로 가르칠 수 있다. – 동시에 많은 인원을 대상으로 편리하게 가르칠 수 있다.	– 유아의 흥미, 능력, 욕구 등의 개인차를 고려하므로 발달의 적합성을 살리기 용이하다. – 여러 가지 사회적 상호작용이 활발하게 일어남으로써 자기표현 및 사회적 관계가 개발된다. – 직접경험, 탐구활동이나 발견적 과정의 활동에 적합하고 효과적이다.
단점	– 교사가 모든 교수학습과정에서 주도적이므로 교사의 흥미, 편견, 인성 등이 교사	– 탐구나 발견학습의 과정은 오랜 시간이 걸린다.

	교사 중심	아동 중심
	의 능력과 기술에 반영되고, 유아의 학습상황에 영향을 미칠 수 있다. – 교사가 계획한 지식을 일방적으로 전달하기 때문에 주입식 수업이 되기 쉽고, 높은 수준의 토의와 능동적인 참여가 이루어지기 어렵다. – 유아들은 개별적인 흥미, 요구가 달라서 개인의 특수한 여건이나 어려움, 개인차를 고려해야 하기 때문에 유아에게는 전적으로 사용되기 어렵다.	– 교사 대 유아의 비율이 높은 현실적 상황에서 지도, 관찰, 평가 등의 어려움이 있다.

출처: 김진영 · 백혜리 · 최윤정(2007). 유아를 위한 교수학습방법론. 경기: 양서원.

국가수준 교육과정의 기본방향, 목적, 내용에 따른 교수학습방법은 2019년 개정 누리과정 예시를 통해 살펴볼 수 있다.

> 교사는 다음 사항에 따라 유아를 지원한다.
>
> 가. 유아가 흥미에 따라 놀이에 자유롭게 참여하고 즐기도록 한다.
> 나. 유아가 놀이를 통해 배우도록 한다.
> 다. 유아가 다양한 놀이와 활동을 경험할 수 있도록 실내외 환경을 구성한다.
> 라. 유아와 유아, 유아와 교사, 유아와 환경 간에 능동적인 상호작용이 이루어지도록 한다.
> 마. 5개 영역의 내용이 통합적으로 유아의 경험과 연계되도록 한다.
> 바. 개별 유아의 요구에 따라 휴식과 일상생활이 원활히 이루어지도록 한다.
> 사. 유아의 연령, 발달, 장애, 배경 등을 고려하여 개별 특성에 적합한 방식으로 배우도록 한다.

④ 평가

프로그램의 철학, 목적, 내용, 교수학습방법 등을 종합적으로 파악하고 교육과정과 일치되도록 평가도구를 계획하고 설계한다.

3) 개발

영유아의 요구를 분석하여 목표와 내용을 선정하고 교수학습방법이 구성되면 이에 근거하여 교재교구와 환경을 개발하게 된다.

(1) 교재교구의 개발

영유아의 경우 발달단계상 놀이를 통한 직접경험이 학습으로 이루어지는 시기이므로 내용에 부합되면서 영유아의 연령, 수준, 개인차를 고려한 놀잇감을 개발, 제공해주어야 한다. 이렇게 개발된 교재교구는 영유아의 호기심을 자극하고 동기부여를 해주어 학습의 효과를 극대화시킬 수 있다. 또한 전인교육을 지향하고 있으므로 상품화된 교재교구든 교사가 제작한 교재교구를 통합적으로 사용될 수 있어야 하고, 특정 영역에 편중되지 않고 모든 놀이영역에 배치되도록 한다.

간혹 현장에서 특정 교재교구를 중심으로 프로그램을 운영하는 사례도 있으나 교재교구란 목표, 내용과 교수학습방법이 결정된 후 이를 실행하기 위해 활용하는 것이므로 교재교구만을 중심으로 한 프로그램을 운영하여서는 안 된다.

(2) 환경 개발

영유아교육기관의 환경은 프로그램이 실행되는 곳으로 인적 환경과 물리적 환경이 함께 존재한다. 이 단계에서는 프로그램의 기본방향, 목표, 내용, 교수학습방법과 관련된 요소로 환경을 개발하여 유아의 놀이가 학습으로 자연스럽고 효율적으로 연계되고 즐겁게 활동할 수 있도록 한다.

다음은 물리적 환경 구성 시 고려해야 할 원칙이다(이기숙, 2000; Decker & Decker, 2005).

첫째, 유아교육기관은 다른 기관이나 건물과 독립하여 모든 설비를 갖추는 것이 좋다. 건물은 되도록 단층으로 하고 활동하기에 충분한 실내·실외 공간이 있어야 한다.

둘째, 물리적 환경은 어린이에게 적합하여야 한다. 즉, 유아의 성장·발달 원리에 입각하여 환경을 계획해야 하고, 유아의 발달적 특징, 성숙도, 욕구,

흥미, 개인차 등을 고려해야 한다. 책상, 선반, 의자 등은 유아의 신체의 크기에 맞도록 하여 교사의 도움 없이도 쉽게 사용하고 정리할 수 있도록 해야 한다. 또한 유아교육기관의 시설 설비는 성인에게도 편안하여야 한다.

셋째, 어린이와 성인 모두에게 최대한의 건강과 안전을 기하는 환경이 되어야 한다.

넷째, 충분하고 다양한 공간, 창의적인 공간, 심미적인 공간 구성이 되도록 한다. 즉, 유아가 자유롭게 주위 환경을 탐색해 보도록 하며, 너무 복잡하거나 쉽게 싫증나지 않도록 해야 한다. 유아교육기관의 유형에 따라 일과 활동은 다양하겠으나, 유치원이나 어린이집 프로그램은 수업시간에 모여 앉아서 교사의 설명을 듣는 형태로 운영하기보다는 대부분 자유놀이를 통한 여러 가지 활동으로 구성되기 때문에 협소한 공간에서 제약을 받게 되면 곧 싫증을 느끼기 쉽다. 또한 공간배치와 교구는 다양한 것이 효과적이다. 사물의 배치에서 높낮이에 차이를 두는 것, 영역의 크기, 소리, 빛과 색 등의 다양성과 이를 통해 나타나는 디자인이 심미적 기쁨을 주는 것이 되어야 한다.

다섯째, 융통성 있는 환경을 구성해야 한다. 이는 영유아의 흥미의 선호를 반영하며, 개인적 활동과 집단 활동이 모두 가능하도록 하는 구성을 의미한다. 다양하고 융통성 있는 교실환경은 그 자체로 유아교육과정 운영의 중요한 매체이기도 하다. 융통성 있는 환경 구성은 그때그때의 교육 내용과 활동에 따라서 유동성 있게 배치될 수 있도록 이동이 가능한 설비와 기구를 이용함으로써 가능하다. 계절의 변화를 고려하여 흥미영역의 환경 구성과 교구를 바꾸어 주거나, 칸막이를 활용하는 것, 책상, 교구장의 이동, 흥미영역의 위치 이동으로 다양한 환경 구성의 변화를 가져올 수 있다.

4) 실행

프로그램의 요구분석, 목표, 내용, 교수학습방법, 교재교구 및 환경이 결정되었다면 원장, 원감, 교사에 의해 프로그램이 실행되는 단계가 이루어진다. 요구분석에 따라 결정된 목표와 내용을 설계된 방법에 따라 다양한 활동방법, 즉 대·소집단 활동, 정·동적활동, 실내·외활동 등이 인적 환경과 물리적 환경 속에서 균형 있게 전달될 수 있도록 교사는 프로그램 목표와 내용, 교수학습방법을 숙지하고 익숙해지도록 노력하며 교재교구와 환경을 준비하고 점검하여 프로그램이 잘 실행될 수 있도록 한다.

(1) 프로그램 일정 실행하기

프로그램 일정은 연간교육계획안, 월간교육계획안, 주간교육계획안, 일일교육계획안에 따라 실행된다.

(2) 프로그램 평가하기

프로그램 평가는 요구분석, 설계, 개발, 실행에 관한 전반적인 평가로서 교육목표에 따른 교육활동, 물리적 환경, 교사역할, 건강·안전·영양·위생관리 등 모든 영역을 점검·평가하고 그 결과를 다시 전 단계의 요구분석, 설계, 개발, 실행에 반영하여 프로그램을 재구성하게 된다. 평가는 프로그램 종류와 특징에 따라 관찰, 면담, 질문지, 검사도구 등 적절하고 표준화된 도구를 활용하여 신뢰할 만하고 타당하게 측정해서 다음 프로그램 개발과 실행에 참고할 수 있도록 한다.

영유아 프로그램 개발절차의 예시는 다음 표 2-7과 같다.

표 2-7 영유아 프로그램 개발절차 예시

절차	내용
요구분석	설문지, 개인 및 집단상담, 인터넷 질문, 교직원 회의를 통한 요구분석 - 유아의 요구: 연령, 흥미, 개인차를 고려하는 교육 - 부모의 요구: 취업모 자녀를 고려한 정서발달을 위한 학습활동 온화하고 편안한 인적·물적 환경 조성 다양한 교육활동과 문화체험

절차	내용
	- 기관의 요구: 인성교육을 강조한 창의적인 인지활동 건강한 유아를 위한 놀이 중심 활동 예의 바른 유아를 위한 꾸준한 생활습관 지도 - 사회적 요구: 창의적인, 녹색성장, 초등연계를 고려한 프로그램
설계	- 교육목표: 주제탐구 통합 프로그램의 운영 자신의 느낌, 생각을 자유롭게 표현할 수 있는 능력 자율적으로 행동하고 조절하는 능력 협력적인 상호작용 능력 다양한 물리적 도구를 활용할 수 있는 능력 - 내용 및 방법 인성을 강조한 교육, 자율적인 참여 지원 교사: 유아의 상호작용을 중시 유아: 유아의 협력적인 프로그램 - 평가 유아 평가: 유아관찰, 포트폴리오 평가, 부모상담 교사 평가: 자기장학, 수업장학, 월별 수업 평가, 연간 평가 학부모 평가: 설문지를 통한 유아교육 내용 평가
개발	- 교재·교구 개발 주제별, 연령별 실물자료 및 교재·교구 주제와 연결된 체험활동 개발 영역별 유아평가 방법 개발 - 환경 개발 흥미영역별 다양한 체험과 활성화 방안 고려 건강과 안전을 고려한 환경 개발
실행	활동의 균형적 안배를 고려한 활동 실시 유아-교사, 유아-유아, 유아-환경 간의 상호작용 강조하여 실시 교사의 교수학습방법 개선을 위한 수업장학 실시
총괄평가	유아 평가 교사 평가 프로그램 평가

출처: 문연심(2012). 영유아 프로그램 개발 및 평가. 경기: 공동체.

Chapter 03

국가수준 교육과정

1 2019 개정 누리과정

1) 누리과정의 성격

국가 수준의 교육과정은 총론에 앞서 교육과정의 '성격'을 먼저 제시하고 있다. 교육과정에서 제시되는 성격은 국가 수준 교육과정의 구성체계를 확립하는 출발점이다. 개정 누리과정에서도 '성격'항목을 신설하여 누리과정을 '3-5세 유아를 위한 국가 수준의 공통 교육과정'으로 정의하였다. 개정 누리과정 성격은 「2015 개정 초·중등학교 교육과정」 성격의 구성 체계와 연계하고, 유아기의 고유한 특징을 반영하여 '유아 중심 및 놀이 중심'을 강조하고 있다. 누리과정의 성격은 다음과 같다.

가. 국가 수준의 공통성과 지역, 기관 및 개인 수준의 다양성을 동시에 추구한다.
나. 유아의 전인적 발달과 행복을 추구한다.
다. 유아 중심과 놀이 중심을 추구한다.
라. 유아의 자율성과 창의성 신장을 추구한다.
마. 유아, 교사, 원장(감), 학부모 및 지역사회가 함께 실현해 가는 것을 추구한다.

2) 추구하는 인간상

개정 누리과정은 국가 수준의 교육과정으로서 누리과정이 추구해야 할 교육적 비전으로 추구하는 인간상을 제시하고 있다. 누리과정이 추구하는 인간상은 다음과 같다.

가. 건강한 사람
나. 자주적인 사람
다. 창의적인 사람
라. 감성이 풍부한 사람

마. 더불어 사는 사람

3) 목적과 목표

(1) 목적

누리과정의 목적은 유아가 놀이를 통해 심신의 건강과 조화로운 발달을 이루고 바른 인성과 민주 시민의 기초를 형성하는 데 있다.

(2) 목표

이를 실현하기 위한 누리과정의 목표는 다음과 같다.

가. 자신의 소중함을 알고, 건강하고 안전한 생활 습관을 기른다.
나. 자신의 일을 스스로 해결하는 기초능력을 기른다.
다. 호기심과 탐구심을 가지고 상상력과 창의력을 기른다.
라. 일상에서 아름다움을 느끼고 문화적 감수성을 기른다.
마. 사람과 자연을 존중하고 배려하며 소통하는 태도를 기른다.

4) 구성의 중점

누리과정 구성의 중점은 다음과 같다.

가. 3~5세 모든 유아에게 적용할 수 있도록 구성한다.
나. 추구하는 인간상 구현을 위한 지식, 기능, 태도 및 가치를 반영하여 구성한다.
다. 신체운동·건강, 의사소통, 사회관계, 예술경험, 자연 탐구의 5개 영역을 중심으로 구성한다.
라. 0~2세 보육과정 및 초등학교 교육과정과 연계성을 고려하여 구성한다.

5) 누리과정 편성·운영

편성·운영은 유치원과 어린이집에서 유아·놀이 중심 교육과정을 편성하고 운영하기 위해 고려해야 할 공통적 기준을 안내한 것이다.

가. 1일 4~5시간을 기준으로 편성한다.

나. 일과 운영에 따라 확장하여 편성할 수 있다.

다. 누리과정을 바탕으로 각 기관의 실정에 적합한 계획을 수립하여 운영한다.

라. 하루 일과에서 바깥놀이를 포함하여 유아의 놀이가 충분히 이루어지도록 편성하여 운영한다.

마. 성, 신체적 특성, 장애, 종교, 가족 및 문화적 배경 등으로 인한 차별이 없도록 편성하여 운영한다.

바. 유아의 발달과 장애정도에 따라 조정하여 운영한다.

사. 가정과 지역사회와의 협력과 참여에 기반하여 운영한다.

아. 교사 연수를 통해 누리과정의 운영이 개선되도록 한다.

6) 교수·학습

교수·학습은 유아가 즐겁게 놀이하며 스스로 배울 수 있도록 교사가 지원할 때 고려해야 할 사항이다. 교사는 다음 사항에 따라 유아를 지원한다.

가. 유아가 흥미와 관심에 따라 놀이에 자유롭게 참여하고 즐기도록 한다.

나. 유아가 놀이를 통해 배우도록 한다.

다. 유아가 다양한 놀이와 활동을 경험할 수 있도록 실내외 환경을 구성한다.

라. 유아와 유아, 유아와 교사, 유아와 환경 간에 능동적인 상호작용이 이루어지도록 한다.

마. 5개 영역의 내용이 통합적으로 유아의 경험과 연계되도록 한다.

바. 개별 유아의 요구에 따라 휴식과 일상생활이 원활히 이루어지도록 한다.

사. 유아의 연령, 발달, 장애, 배경 등을 고려하여 개별 특성에 적합한 방식으로 배우도록 한다.

7) 평가

개정 누리과정에서 평가는 유치원과 어린이집에서 유아가 중심이 되고 놀이가 살아나는 누리과정의 운영을 되돌아보고 개선해 가는 과정이다. 개정 누리과정은 유치원과 어린이집에서 유아·놀이 중심 교육과정을 운영하는데 도움이 되고자 평가를 간략화하고 각 기관의 자율적인 평가를 강조하였다. 평가는 다음 사항에 중점을 두고 실시한다.

가. 누리과정 운영의 질을 진단하고 개선하기 위해 평가를 계획하고 실시한다.

나. 유아의 특성 및 변화 정도에 누리과정의 운영을 평가한다.

다. 평가의 목적에 적합한 방법을 사용하여 평가한다.

라. 평가의 결과는 유아에 대한 이해와 누리과정 운영 개선을 위한 자료로 활용할 수 있다.

8) 영역의 목표 및 내용

(1) 신체운동·건강

① 목표

실내외에서 신체활동을 즐기고, 건강하고 안전한 생활을 한다.

가. 신체활동에 즐겁게 참여한다.

나. 건강한 생활습관을 기른다.

다. 안전한 생활습관을 기른다.

② 내용

내용 범주	세부 내용
신체활동 즐기기	신체를 인식하고 움직인다.
	신체 움직임을 조절한다.
	기초적인 이동 운동, 제자리 운동, 도구를 이용한 운동을 한다.
	실내외 신체활동에 즐겁게 참여한다.
건강하게 생활하기	자신의 몸과 주변을 깨끗이 한다.
	몸에 좋은 음식에 관심을 가지고 바르게 식사하는 것을 즐긴다.
	하루 일과에서 적당한 휴식을 취한다.
	질병을 예방하는 방법을 알고 실천한다.
안전하게 생활하기	일상에서 안전하게 놀이하고 생활한다.
	TV, 컴퓨터, 스마트폰 등을 바르게 사용한다.
	교통안전 규칙을 지킨다.
	안전사고, 화재, 재난, 학대, 유괴 등에 대처하는 방법을 알고 행동한다.

(2) 의사소통

① 목표

일상생활에 필요한 의사소통 능력과 상상력을 기른다.

가. 일상생활에서 듣고 말하기를 즐긴다.

나. 읽기와 쓰기에 관심을 가진다.

다. 책이나 이야기를 통해 상상하기를 즐긴다.

② 내용

내용 범주	세부 내용
듣기와 말하기	말이나 이야기를 관심 있게 듣고 이해한다.
	자신의 경험, 느낌, 생각을 말한다.
	생활속에서 필요한 단어를 알고 사용한다.
	상대방이 하는 이야기를 듣고 관련하여 말한다.
	바른 태도를 듣고 말한다.

내용 범주	세부 내용
	고운 말을 사용한다.
읽기와 쓰기에 관심을 가지기	말과 글의 관계에 관심을 가진다.
	주변의 상징, 글자 등의 읽기에 관심을 가진다.
	자신의 느낌, 생각, 경험을 글자와 비슷한 형태와 글자로 표현한다.
책과 이야기 즐기기	책읽기를 즐기고 상상하는 즐거움을 가진다.
	동화, 동시에 말과 글의 재미를 느낀다.
	말놀이와 이야기 짓기를 즐긴다.

(3) 사회관계

① 목표

자신을 존중하고 더불어 생활하는 태도를 가진다.

가. 자신을 이해하고 존중한다.

나. 다른 사람과 사이좋게 지낸다.

다. 우리가 사는 사회와 다양한 문화에 관심을 가진다.

② 내용

내용 범주	세부 내용
나를 알고 존중하기	나를 알고 소중히 여긴다.
	나의 감정을 알고 상황에 맞게 표현한다.
	내가 할 수 있는 것을 스스로 한다.
더불어 생활하기	가족의 의미를 알고 화목하게 지낸다.
	친구와 서로 도우며 사이좋게 지낸다.
	친구와의 갈등을 긍정적인 방법으로 해결한다.
	서로 다른 감정, 생각, 행동을 존중한다.
	일상에서 예의를 지켜 행동한다.
	약속과 규칙의 중요성을 알고 지킨다.
사회에 관심 가지기	내가 살고 있는 곳에 대해 궁금한 것을 알아본다.
	우리나라에 대해 자부심을 가진다.
	다양한 문화에 관심을 가지고 존중한다.

(4) 예술 경험

① 목표

아름다움과 예술에 관심을 가지고 창의적 표현을 즐긴다.

가. 자연과 생활 및 예술에서 아름다움을 느낀다.

나. 예술을 통해 창의적으로 표현하는 과정을 즐긴다.

다. 다양한 예술 표현을 존중한다.

② 내용

내용 범주	세부 내용
아름다움 찾아보기	자연과 생활에서 아름다움을 느끼고 즐긴다.
	예술적 요소에 관심을 갖고 찾아본다.
창의적으로 표현하기	노래를 즐겨 부른다.
	신체, 사물, 악기로 간단한 소리와 리듬을 만들어 본다.
	신체나 도구를 활용하여 움직임과 춤으로 자유롭게 표현한다.
	다양한 미술 재료와 도구로 자신의 생각과 느낌을 표현한다.
	극놀이로 경험이나 이야기를 표현한다.
예술 감상하기	다양한 예술을 감상하며 상상하기를 즐긴다.
	서로 다른 예술 표현을 존중한다.
	우리나라 전통 예술에 관심을 갖고 친숙해진다.

(5) 자연 탐구

① 목표

탐구하는 과정을 즐기고, 자연과 더불어 살아가는 태도를 가진다.

가. 일상에서 호기심을 가지고 탐구하는 과정을 즐긴다.

나. 생활 속의 문제를 수학적, 과학적으로 탐구한다.

다. 생명과 자연을 존중한다.

② 내용

내용 범주	세부 내용
탐구과정 즐기기	주변 세계와 자연에 대해 지속적으로 호기심을 가진다.
	궁금한 것을 탐구하는 과정에 즐겁게 참여한다.
	탐구과정에서 서로 다른 생각에 관심을 가진다.
생활 속에서 탐구하기	물체의 특성과 변화를 여러 가지 방법으로 탐색한다.
	물체를 세어 수량을 알아본다.
	물체의 위치와 방향, 모양을 알고 구별한다.
	일상에서 길이, 무게 등의 속성을 비교한다.
	주변에서 반복되는 규칙을 찾는다.
	일상에서 모은 자료를 기준에 따라 분류한다.
	도구와 기계에 대해 관심을 가진다.
자연과 더불어 살기	주변의 동식물에 관심을 가진다.
	생명과 자연환경을 소중히 여긴다.
	날씨와 계절의 변화를 생활과 관련짓는다.

2 표준보육과정의 이해

어린이집 표준보육과정은 어린이집의 만 0~5세 영·유아들에게 국가 수준에서 제공하는 보편적이고 공통적인 보육의 목표를 제시한 것이다. 어린이집 표준보육과정은 0~1세 보육과정, 2세 보육과정, 3~5세 보육과정(누리과정 포함)으로 구성한다. 국가수준의 어린이집 표준보육과정을 시행함으로써 영·유아의 전인적 발달과 우리 문화에 적합한 내용을 일관성 있고 연계적으로 실천하며, 궁극적으로 사회에서 추구하는 인간상을 구현하고 어린이집의 질적 수준을 높이는 데 기여하고자 한다.

1) 추구하는 인간상

표준보육과정의 목표를 궁극적으로 기르고자 하는 인간상은 첫째, 심신이 건강하고 행복한 사람, 둘째, 자율적이고 창의적인 사람, 셋째, 자신과 타인을 존중하고 배려하는 사람, 넷째, 자연과 우리 문화를 사랑하는 사람, 다섯째, 다양성을 인정하는 민주적인 사람이다.

2) 구성 방향

① 유아의 발달 특성과 개인차를 고려하여 연령 및 수준별로 구성한다.
② 어린이집에서 편안하고 행복한 일상생활이 되도록 중점을 두어 구성한다.
③ 질서, 배려, 협력 등 기본생활습관과 바른 인성을 기르는 데 중점을 두어 구성한다.
④ 자율성과 창의성을 기르는 데 중점을 두고, 전인발달을 이루도록 구성한다.
⑤ 사람과 자연을 존중하고, 우리 문화를 이해하는 데 중점을 두어 구성한다.

3) 구성체계

표준보육과정은 유아의 발달수준을 고려하고 교사의 지원과 환경 구성에서의 질적 차이를 반영하여 다음과 같이 구성한다.

① 어린이집 표준보육과정은 0~1세 보육과정, 2세 보육과정, 3~5세 보육과정으로 구성한다.
② 어린이집 표준보육과정은 영역, 내용범주, 내용, 세부내용으로 구분하고, 내용 간에 연계가 이루어지도록 구성한다.
③ 세부내용이라 함은 0~1세 보육과정, 2세 보육과정에서는 수준별 세부내용을 의미하고 3~5세 보육과정에서는 연령별 세부내용을 의미한다.
④ 0~1세 보육과정은 기본생활, 신체운동, 의사소통, 사회관계, 예술경험, 자연탐구의 6개 영역을 중심으로 구성한다.
⑤ 2세 보육과정은 기본생활, 신체운동, 의사소통, 사회관계, 예술경험, 자연탐구의 6개 영역을 중심으로 구성한다.
⑥ 3~5세 보육과정은 신체운동·건강, 의사소통, 사회관계, 예술경험, 자연탐구의 5개 영역을 중심으로 구성한다.
⑦ 3~5세 보육과정은 초등학교 교육과정과의 연계성을 고려하여 구성한다.

4) 편성

① 어린이집의 운영시간에 맞추어 편성한다.
② 표준보육과정에 제시된 각 영역의 내용을 균형 있게 통합적으로 편성한다.
③ 영·유아의 발달 특성 및 개인차, 경험을 고려하여 놀이를 중심으로 편성한다.
④ 영·유아의 일과 중 일상생활을 포함하여 편성한다.
⑤ 어린이집과 보육실의 특성에 따라 융통성 있게 편성한다.

⑥ 성별, 종교, 신체적 특성, 가족 및 민족 배경 등으로 인한 편견이 없도록 편성한다.

5) 운영

① 보육계획(연간, 월간, 주간, 일일 계획 등)에 의거하여 운영한다.
② 실내·외 환경을 다양한 흥미 영역으로 구성하여 운영한다.
③ 영·유아의 능력과 장애정도에 따라 조정하여 운영한다.
④ 부모와 각 기관의 실정에 따라 부모교육을 실시한다.
⑤ 가정과 지역사회와의 협력과 참여에 기반하여 운영한다.
⑥ 교사 재교육을 통해 어린이집 표준보육과정 운영을 개선해 나간다.

6) 교수·학습 방법

① 주도적인 놀이를 중심으로 교수·학습활동이 이루어지도록 한다.
② 흥미를 중심으로 활동을 선택하고 지속할 수 있도록 한다.
③ 생활 속 경험을 소재로 하여 지식, 기술, 바람직한 태도를 기르도록 한다.
④ 교사와 신뢰감을 형성하고 개별적인 활동이 이루어지도록 한다.
⑤ 교사, 환경, 또래와 능동적인 상호작용이 이루어지도록 한다.
⑥ 주제를 중심으로 여러 활동이 통합적으로 이루어지도록 한다.
⑦ 만 0~1세아, 만 2세아는 일상생활 및 개별활동, 휴식 등이 균형 있게 이루어지도록 한다.
⑧ 만 3~5세아는 실내·실외 활동, 정적·동적활동, 대·소집단활동 및 개별활동, 일상생활 및 휴식 등이 균형 있게 이루어지도록 한다.

7) 평가

(1) 운영평가

① 어린이집 표준보육과정의 목표와 내용에 근거하여 보육내용이 적절히 편성·운영되는지 평가한다.

② 어린이집 표준보육과정의 운영 내용 및 활동이 영유아의 발달 수준과 흥미, 요구에 적합한지 평가한다.

③ 영·유아의 발달수준, 흥미, 요구에 적합한 경험 및 학습을 촉진할 수 있는 다양한 활동과 교수학습방법이 계획되고 통합적으로 운영되는지 평가한다.

④ 일과 운영 및 보육활동 구성 시 놀이활동과 일상생활 활동의 양과 내용이 영아 및 유아 각 연령의 발달에 적합하게 계획되고 운영되는지 평가한다.

⑤ 만 0~1세, 만 2세아는 집단활동보다 개별적인 상호작용과 교수법을 중심으로 상호작용이 진행되는지를 평가한다.

⑥ 어린이집 표준보육과정 운영 평가 결과를 수시로 반영하여 보육과정 운영 계획을 수정·보완하거나 다음 연도의 계획 수립 및 운영에 반영하는지 평가한다.

(2) 영·유아평가

① 어린이집 표준보육과정의 목표와 내용에 근거하여 영·유아의 특성과 변화정도를 평가한다.

② 지식, 기술, 태도 등을 평가한다.

③ 일상생활과 보육과정 활동 전반에 걸쳐 평가한다.

④ 관찰, 활동 결과물 분석, 부모면담 등 다양한 방법을 사용하여 종합적으로 평가하고, 그 결과를 기록한다.

⑤ 평가 결과는 영·유아에 대한 이해와 어린이집 표준보육과정운영 개선 및 부모 면담 자료로 활용한다.

3 0~1세, 2세 표준보육과정의 목적 및 목표

1) 목적

어린이집 표준보육과정의 목적은 0~5세 유아의 심신의 건강과 전인적 발달을 도와 행복을 도모하며 민주시민의 기초를 형성하는 것을 목적으로 한다. 이러한 목적을 달성하기 위하여 0~1세 보육과정에서는 유아의 '건강하고 안전한 일상생활을 경험한다', '감각 및 기본 신체운동능력을 기른다', '말소리를 구분하고 의사소통의 기초를 마련한다', '친숙한 사람과 관계를 형성한다', '아름다움에 관심을 가진다', '보고, 듣고 만지면서 주변 환경에 관심을 가진다'의 여섯 가지 목표를 제시한다. 마찬가지로 2세 보육과정에서는 유아의 '건강하고 안전한 생활습관의 기초를 마련한다', '감각, 신체조절 및 기본운동능력을 기른다', '의사소통능력의 기초를 기른다', '나를 인식하고 다른 사람과 더불어 생활하는 경험을 한다', '아름다움에 관심을 가지고 예술경험을 즐긴다', '주변 환경에 호기심을 갖고 탐색하기를 즐긴다'의 여섯 가지 목표를 제시한다. 한편 3~5세 보육과정에서는 '기본운동능력과 건강하고 안전한 생활습관을 기른다', '일상생활에 필요한 의사소통능력과 바른 언어사용습관을 기른다', '자신을 존중하고 다른 사람과 더불어 생활하는 능력과 태도를 기른다', '아름다움에 관심을 가지고 예술경험을 즐기며, 창의적으로 표현하는 능력을 기른다', '호기심을 가지고 주변 세계를 탐구하며, 일상생활에서 수학적·과학적으로 생각하는 능력과 태도를 기른다'의 다섯 가지 목표를 제시한다. 0~1세 보육과정과 2세 보육과정, 3~5세 보육과정의 목표는 서로 연계되어 위계적으로 난이도가 높아진다.

2) 목표

(1) 0~1세 보육과정 목표

관련영역	0 ~ 1세 보육과정
기본생활	건강하고 안전한 일상생활을 경험한다.
신체운동	감각 및 기본 신체운동 능력을 기른다.
의사소통	말소리를 구분하고 의사소통의 기초를 마련한다.
사회관계	친숙한 사람과 관계를 형성한다.
예술경험	아름다움에 관심을 가진다.
자연탐구	보고, 듣고, 만지면서 주변 환경에 관심을 가진다.

① 건강하고 안전한 일상생활을 경험한다.

0~1세 보육과정은 유아가 식사, 수면, 휴식, 배변, 놀이 등의 기본생활을 통해서 건강하고 안전한 일상생활을 경험하는 것을 목표로 한다. 유아기는 성장기 이후까지 지속될 기본생활습관의 기초가 마련되는 시기이므로 유아들이 건강하고 안전한 일상생활을 경험하는 것은 매우 중요하다. 따라서 기본생활영역에서는 유아들이 즐겁고 편안하게 먹고 잠자며, 건강하고 안전한 일상생활을 경험하도록 하는 데 중점을 둔다.

② 감각 및 기본 신체운동 능력을 기른다.

0~1세 보육과정은 유아가 자신의 감각경험을 통해 신체를 탐색하고 신체활동에 참여하면서 감각 능력과 기본 신체운동 능력을 기르는 것을 목표로 한다. 유아기는 다양한 감각으로 자신의 신체와 주변 환경을 탐색하며 환경 및 주변 사람들과 관계를 인식하고 신체운동발달의 기초를 마련해 가는 시기이다. 따라서 유아가 자신의 감각과 신체를 인식하고 대·소근육을 조절 및 기본운동을 시도하며 신체활동에 참여하여 즐기는 경험이 중요하다. 이를 위하여 유아가 일상생활에서 감각기관과 신체를 이용하여 탐색하고 신체를 조절해 보며 신체활동을 시도하는 경험을 갖도록 하는 데 중점을 둔다.

③ 말소리를 구분하고 의사소통의 기초를 마련한다.

0~1세 보육과정은 유아가 말소리를 구분하고 듣기, 말하기, 읽기, 쓰기 경험을 통해 다른 사람과 소통할 수 있는 기초를 마련하는 것을 목표로 한다. 유아기는 말하고 듣는 기초적인 의사소통 능력이 급격히 발달하는 시기이다. 그러므로 유아가 주변의 소리와 말소리를 구분할 줄 알고 옹알이로 말소리를 만들어 내며 상대와 대화하기 위한 기본적인 규칙을 알아가는 것이 중요한다. 더불어 그림책에 관심을 가짐으로써 기초적인 의사소통 능력을 발달시켜 나가는 것이 중요하다. 이를 위해서 유아가 주변의 소리와 말소리 듣기를 경험하고 자신의 의사를 표정과 몸짓 및 말소리로 표현하며, 짧은 그림책이나 친숙한 인쇄물에 관심을 갖도록 하는 데 중점을 둔다.

④ 친숙한 사람과 관계를 형성한다.

0~1세 보육과정은 유아가 자신이 다른 사람과 분리된 존재임을 알고, 주 양육자, 가족, 또래 등 주변의 친숙한 사람과의 관계를 통해 사회관계의 기초를 형성하는 것을 목표로 한다. 유아기는 주변 환경과 자신을 구별할 수 있고, 다른 사람에게 반응하며, 타인과 함께 생활 경험을 통해 평생 동안 지속될 사회관계의 토대를 마련하는 시기이다. 따라서 이 영역에서는 유아가 자신을 인식하고 감정을 나타낼 줄 알며 다른 사람들과 긍정적인 관계를 맺음으로써 더불어 생활하기 위해 필요한 기본적인 행동과 태도를 경험하는 데 중점을 둔다.

⑤ 아름다움에 관심을 가진다.

0~1세 보육과정은 유아가 친숙한 자연과 사물 및 주변 환경의 관심을 기울이고 반응하기를 즐김으로써 아름다음을 경험하는 것을 목표로 한다. 유아기는 친근한 소리나 주변 환경에 대한 관심을 통해 감성발달과 창의적인 표현이 시작되는 시기이다. 따라서 유아가 주변 환경의 소리나 움직임, 색 모양 등에 호기심을 가지며 예술적 요소를 경험하며 즐기는 경험을 갖도록 하는 데 중점을 둔다.

⑥ 보고, 듣고, 만지면서 주변 환경에 관심을 가진다.

0~1세 보육과정은 주변 사물과 자연환경에 대해 관심을 갖고 탐색하기를 즐기며 일상생활 속 경험을 통하여 수학적·과학적 기초를 지각해 보는 경험을 목표로 한다. 유아기는 주변세계에 대해 지각하는 수준에서 점차적으로 개인적 의미를 구성해 가는 탐색수준으로 발달해 가는 시기이다. 이에 따라 유아는 보고, 듣고 만지면서 주변 환경에 대해 관심을 갖도록 하는 것이 중요하다. 그러므로 유아가 주변 환경과 자연세계에 관심과 호기심을 유지하면서 탐색해 나가는 데 중점을 둔다.

(2) 2세 보육과정 목표

관련영역	2세 보육과정
기본생활	건강하고 안전한 생활습관의 기초를 마련한다.
신체운동	감각, 신체조절 및 기본 운동 능력을 기른다.
의사소통	의사소통 능력의 기초를 기른다.
사회관계	나를 인식하고 다른 사람과 더불어 생활하는 경험을 한다.
예술경험	아름다움에 관심을 가지고 예술경험을 즐긴다.
자연탐구	주변 환경에 관심을 갖고 탐색하기를 즐긴다.

① 건강하고 안전한 생활습관의 기초를 마련한다.

2세 보육과정은 유아가 청결, 식습관, 수면, 휴식, 배변, 놀이, 교통안전 등의 기본생활을 통해서 건강하고 안전한 생활습관의 기초를 마련하는 것을 목표로 한다. 유아기는 성장기 이후까지 지속될 기본생활습관이 형성되는 중요한 시기이다. 그러므로 유아가 씻기, 입기 등의 경험을 스스로 시도하고, 바른 식습관을 경험하도록 하는 것이 중요하다. 또한 안전하게 놀이하며 교통안전에 대해 경험해 봄으로써 건강하고 안전한 생활습관의 기초를 마련하도록 하는 데 중점을 둔다.

② 감각, 신체조절 및 기본운동 능력을 기른다.

2세 보육과정은 유아가 자신의 신체 움직임을 탐색하고 대 · 소근육을 조절해 보며 감각 능력과 신체조절 및 기본운동 능력을 기르는 것을 목표로 한다. 유아기는 감각기관을 활용하여 주변 환경을 활발하게 탐색하고 자신의 신체움직임에 대해 인식해 가는 시기이다. 따라서 유아가 자신의 신체를 스스로 조절하고 다양한 신체활동에 기여하면서 보다 안정된 신체 균형감과 신체조절 능력 및 기본운동 능력을 기르는 것이 중요하다. 이를 위해서 유아가 일상생활 속에서 다양한 놀이를 통해 신체의 움직임을 탐색하고 조절하며 신체활동에 참여하는 습관을 갖도록 하는 데 중점을 둔다.

③ 의사소통 능력의 기초를 기른다.

2세 보육과정은 유아가 기초적인 어휘와 의사소통 체제를 습득한 후 구어와 문어로 표현하는 능력을 기르고 다른 사람과 의사소통 시 필요한 기본적인 태도를 익히는 것을 목표로 한다. 유아기는 조음 능력, 어휘력, 문장구성 등 언어발달이 급진적으로 향상되는 중요한 시기이다. 그러므로 유아가 다른 사람의 말을 주의 깊게 들을 수 있고 자연스럽게 말하며 유아가 좋아하는 그림책에 나오는 그림이나 상징, 기호에 관심을 갖고 즐기는 것이 중요하다. 이를 위해서 유아가 성인과 주 대화를 교환하며 질문을 하는 것을 즐기도록 한다. 또한 단순한 문장으로 하다 점차 복잡한 문장을 사용하여 표현하고, 익숙한 환경 인쇄물의 그림과 내용을 읽어보도록 하며 의도를 가지고 끼적이는 경험을 통해 기초적인 구어 능력과 문어 능력을 증진하는 데 중점을 둔다.

④ 나를 인식하고 다른 사람과 더불어 생활하는 경험을 한다.

2세 보육과정은 자신을 알고 자신에 대해 소중함을 느끼며 다른 사람과 더불어 생활하면서 사회관계 형성에 필요한 기초 능력을 기르는 것을 목표로 한다. 유아기는 자신의 감정을 말과 행동으로 나타내고 다른 사람의 감정에 반응을 보이며 가족, 또래, 자신이 속한 집단 등 주변의 친숙한 사람과 더불어 생활하면서 사회적 관계를 형성하고, 이에 필요한 사회적 기술과 가치를 익혀나가는 시기이다. 이에 따라 유아가 자신에 대하여 긍정적으로 인식하고 감정을 적절하게 표현하는 방법을 익혀나가는 것이 중요하다. 또한 가족이나 또래 등 친숙한 사람과 어울려 살아가는 데 필요한 사회적 기술을 익히고 태도를 갖도록 하는 데 중점을 둔다.

⑤ 아름다움에 관심을 가지고 예술경험을 즐긴다.

2세 보육과정은 유아가 자기 주변의 예술적 요소를 탐색하고 아름다움을 즐기며 소리, 노래, 움직임, 미술활동, 상상놀이를 통해 예술적으로 표현하는 태도를 형성하고 기초적인 감성과 창의성발달을 증진하는 것을 목표로 한다. 유아기는 능동적으로 주변을 탐색하며 아름다움을 즐길 줄 알고 자발적으로 표현하는 것을 즐김으로써 향후 창의성 발달에 기초를 이루는 중요한 시기이다. 그러므로 유아가 주변 환경에 대하여 단순한 관심에서 벗어나 좋아하는 것을 적극적으로 찾아보는 경험이 중요하다. 또한 친근한 노래를 따라 부르며 간단한 도구를 이용하여 몸으로 표현하고 일상생활 경험을 상상놀이로 즐기는 경험을 하는 데 중점을 둔다.

⑥ 주변 환경에 호기심을 갖고 탐색하기를 즐긴다.

2세 보육과정은 주변 환경의 특성에 호기심을 갖고 탐색하기를 즐기는 태도를 기르며 일상에서 경험하는 수학적, 과학적 상황을 인식하는 능력을 기르는 것을 목표로 한다. 유아가 호기심을 가지고 궁금한 것을 탐색하는 경험은 이후에 수학적, 과학적 사고와 탐구적 태도를 형성하는 기초가 된다. 그러므로 유아가 주변 환경과 자연세계에 관심과 호기심을 유지할 수 있도록 관심 있는 사물을 반복적으로 탐색하며 즐기는 것이 중요하다. 또한 일상생활 속에서 수량이나 공간에 관심을 갖고 물체와 물질 및 동식물들을 능동적으로 탐색해 봄으로써 수학적·과학적 능력을 자연스럽게 발달시키도록 하는 데 중점을 둔다.

3) 0~1세, 2세 보육과정의 내용 범주

- 0~1세, 2세 보육과정의 6개 영역은 총 18개의 내용 범주, 3~5세 보육과정은 총 20개의 내용범주로 구성되어 있다.
- 기본생활영역은 2개의 내용범주로 신체운동, 사회관계, 예술경험, 자연탐구영역은 3개의 내용범주로, 의사소통 영역은 4개의 내용범주로 구성되어 있다.
- 0~1세, 2세 보육과정의 내용범주와 3~5세 보육과정의 내용범주를 비교하면 아래 표와 같다.

	기본생활	신체운동	의사소통	사회관계	예술경험	자연탐구
0~1세, 2세 보육과정	건강하게 생활하기	감각과 신체 인식하기	듣기	나를 알고 존중하기	아름다움 찾아보기	탐구하는 태도 기르기
	안전하게 생활하기	신체조절과 기본운동하기	말하기	나와 다른 사람의 감정 알기	예술적 표현하기	수학적 탐구하기
		신체활동에 참여하기	읽기	더불어 생활하기	예술 감상하기	과학적 탐구하기
			쓰기			

⇓ ⇓ ⇓ ⇓ ⇓

	신체운동 · 건강	의사소통	사회관계	예술경험	자연탐구
3~5세 보육과정 (누리과정)	신체인식하기	듣기	나를 알고 존중하기	아름다움 찾아보기	탐구하는 태도 기르기
	신체 조절과 기본 운동하기	말하기	나와 다른 사람의 감정 알고 조절하기	예술적 표현하기	수학적 탐구하기
	신체활동에 참여하기	읽기	가족을 소중히 여기기	예술 감상하기	과학적 탐구하기
	건강하게 생활하기	쓰기	다른 사람과 더불어 생활하기		
	안전하게 생활기		사회에 관심 갖기		

4) 0~1세 표준보육과정 영역별 세부 내용

(1) 내용범주

① 기본생활영역

기본생활영역에서는 유아가 건강한 생활습관을 통해 몸과 마음을 건강하게 유지하도록 하며, 안전과 위험에 대해 아는 것을 통해 안전하게 생활하는 능력을 기르도록 한다. 기본생활영역은 '건강하게 생활하기'와 '안전하게 생활하기'의 두 가지 내용범주로 구성되어 있다.

- '건강하게 생활하기'는 몸을 깨끗이 하기, 즐겁게 먹기, 건강한 일상생활하기를 통해 건강하고 편안한 일상생활을 경험하는 내용으로 구성되어 있다.
- '안전하게 생활하기'는 안전하게 지내기, 위험한 상황에 반응하기를 통해 유아들이 안전하게 놀이하고 생활하는 것을 경험하도록 하는 데 중점을 둔다.

내용범주	내용
건강하게 생활하기	• 몸을 깨끗이 하기 • 즐겁게 먹기 • 건강한 일상생활하기
안전하게 생활하기	• 안전하게 지내기 • 위험한 상황에 반응하기

② 신체운동영역

신체운동영역에서는 유아가 자신의 감각능력과 신체를 인식하고 신체의 균형감과 조절력을 기르고 조절력을 기르고 기본운동 능력을 키울 수 있도록 하며, 규칙적으로 신체활동에 참여할 수 있는 습관을 기르도록 한다.

'감각과 신체 인식하기'는 유아가 다양한 감각적 자극에 반응하고 감각기관으로 주변 환경을 탐색하며, 자신의 신체와 신체 움직임을 탐색하는 내용으로 구성되어있다.

'신체조절과 기본운동하기'는 유아가 신체를 움직일 때 안정적인 신체 균형감을 기르고, 대근육과 소근육의 조절력을 키워 몸을 한 장소에서 다른 장소로 위치를 변화시키며 움직이는 이동 운동이나 제자리에서 다양한 동작으로 움직여 보는 운동을 통해 기본 운동 능력의 기초를 형성하는 데 중점을 두고 있다.

'신체활동에 참여하기'는 유아가 실내·외에서 다양한 신체활동에 참여하면서 자신의 몸을 움직여 보는 활동을 즐기고 기구를 이용한 신체활동을 통해 신체활동의 즐거움을 느끼고 규칙적이며 자발적인 신체운동습관의 기초를 기르는 데 중점을 둔다.

내용범주	내용
감각과 신체 인식하기	• 감각적 자극에 반응하기 • 감각기관으로 탐색하기 • 신체 탐색하기
신체조절과 기본 운동하기	• 신체 균형 잡기 • 대근육 조절하기 • 소근육 조절하기 • 기본 운동하기
신체활동에 참여하기	• 몸 움직임 즐기기 • 바깥에서 신체 움직이기 • 기구를 이용하여 신체활동 시도하기

③ 의사소통영역

의사소통영역에서는 유아가 듣고 말하기를 통해 다른 사람에게 자신의 욕구를 전달하고 다른 사람이 전하는 말을 이해하는 기초를 형성하며 처음으로 접하는 그림책이나 환경 인쇄물에 관심을 갖고 끼적이기를 즐길 수 있도록 한다.

'듣기'는 말하는 상대방을 보면서 주변의 소리나 말소리, 경험과 관련된 말, 운율이 있는 말을 듣고 그 의미를 알아가는 경험을 포함한다.

'말하기'는 상대방을 바라보며 자신이 말할 순서를 구별하여 자신의 욕구를 발성과 발음, 표정, 몸짓뿐 아니라 말소리로도 표현하는 경험을 갖도록 한다.

'읽기'는 짧고 간단하며 흥미로운 그림책이나 자주 접하는 친근한 환경 인쇄물에 대해 관심을 갖는 경험을 한다.

'쓰기'는 손에 쥘 수 있는 자료를 활용하여 끼적이기를 시도하는 경험을 포함한다.

내용범주	내용
듣기	• 주변의 소리와 말소리 구분하여 듣기 • 경험과 관련된 말 듣고 알기 • 운율이 있는 말 듣기 • 말하는 사람을 보기
말하기	• 발성과 발음으로 소리내기 • 표정, 몸짓, 말소리로 말하기 • 말할 순서 구별하기
읽기	• 그림책과 환경 인쇄물에 관심 가지기
쓰기	• 끼적이기

④ 사회관계영역

사회관계영역에서는 유아가 자신을 알고 존중하며, 자신과 다른 사람의 감정을 알고, 주변의 친숙한 사람과 더불어 생활하는 경험을 즐길 수 있도록 한다.

'나를 알고 존중하기'는 거울 속의 나를 알아보거나 자신의 이름을 듣고 반응하거나 친숙한 자기 물건이 자기 것인 줄 아는 등 자신의 기본 특성에 대해 알아가면서 자기존중감의 기초를 형성하는 데 중점을 두고 있다.

'나와 다른 사람의 감정 알기'는 자신의 욕구와 감정을 나타낼 줄 알며, 다른 사람의 행동, 표정, 말에 주의를 기울이고, 다른 사람이 나타내는 여러 가지 감정에 관심을 보이는 경험을 통해 자신과 타인의 감정을 알도록 하는 내용으로 구성되어있다.

'더불어 생활하기'는 유아가 주 양육자에게 안정된 애착을 형성하고 주변의 친숙한 사람이나 또래 유아와 함께 지내는 경험을 해보며, 이를 통해 자신이 속한 반이나 담임교사를 알아볼 수 있도록 하는 데 중점을 두고 있다.

내용범주	내용
나를 알고 존중하기	• 나를 구별하기 • 나의 것 인식하기
나와 다른 사람의 감정 알기	• 나의 감정을 나타내기 • 다른 사람에게 주의 기울이기
더불어 생활하기	• 안정적인 애착형성하기 • 또래에 관심 갖기 • 자신이 속한 집단 알기 • 사회적 가치를 알기

⑤ 예술경험영역

예술경험 영역은 0~1세 유아가 자신의 신체와 주변의 감각 자극에 호기심을 갖고, 소리와 움직임으로 반응하며 단순한 미술 활동을 경험하고 모방행동을 즐기며 친근한 주변 환경에 관심을 가지는 태도를 기르기 위한 영역이다.

예술경험 영역은 '아름다움 찾아보기', '예술적 표현하기', '예술 감상하기'의 세 가지 내용 범주로 구성되며, 내용범주별 내용은 다음과 같다.

내용범주	내용
아름다움 찾아보기	• 예술적 요소에 호기심 가지기
예술적 표현하기	• 리듬 있는 소리로 반응하기 • 움직임으로 반응하기 • 단순한 미술 경험하기 • 모방행동 즐기기
예술 감상하기	• 아름다움 경험하기

⑥ 자연탐구영역

자연탐구영역의 내용은 탐구하는 태도 기르기, 수학적 탐구하기, 과학적 탐구하기로 구분된다. '탐구하는 태도 기르기'는 과학적 태도에 관한 내용이며, '수학적 탐구'와 '과학적 탐구'는 기초과학적 지식 구성과 기술에 대한 내용이다. 자연탐구영역에서는 유아가 사물에 관심을 가지고 주변 사물을 탐색하는 태도를 기르며, 생활 속에서 일어나는 상황을 수학적·과학적으로 이해하고, 기초 개념을 구성하여, 탐색하는 태도를 기르도록 한다.

'탐구하는 태도 기르기'는 주변 사물에 관심을 가지고, 탐색을 시도해 보는 내용으로 구성되어 있다. 주변 사물에 관심을 가지고, 나와 주변 사물을 감각으로 탐색하고, 주변 사물에 대해 의도적인 탐색을 시도하는 데 중점을 두는 내용이다.

'수학적 탐구하기'는 수량 지각하기, 주변 공간 탐색하기, 차이를 지각하기, 간단한 규칙성 지각하기의 내용으로 구성되어 있다. 있고 없는 상황을 지각하고, '있다'와 '없다'를 구별하고, '한 개'와 '여러 개'를 구별하고, 도움을 받아 주변의 공간을 탐색하고, 주변 사물의 모양을 지각하며, 주변 사물의 차이를 지각하고, 일상과 놀이에서 간단한 규칙성을 경험하는 데 중점을 두는 내용이다.

'과학적 탐구하기'는 물체와 물질을 탐색하고, 주변 동식물과 주변 자연에 관심을 가지고, 생활도구를 탐색하는 내용으로 구성되어 있다. 일상생활 주변의 몇 가지 친숙한 것들을 양육자와 함께 탐색하고, 주변 동식물의 모양, 소리, 움직임에 관심을 가지고, 생활 주변의 자연물을 감각으로 느껴보고, 바람, 햇빛, 비 등을 감각으로 느껴보고, 도움을 받아 생활도구를 탐색하는 것에 중점을 두고 기초과학적 개념을 구성해 가도록 하는 내용이다.

내용범주	내용
탐구하는 태도 기르기	• 사물에 관심 가지기 • 탐색 시도하기
수학적 탐구하기	• 수량 지각하기 • 주변 공간 탐색하기 • 차이를 지각하기 • 간단한 규칙성 지각하기
과학적 탐구하기	• 물체와 물질 탐색하기 • 주변 동식물에 관심 가지기 • 주변 자연에 관심 가지기 • 생활도구 탐색하기

5) 2세 표준보육과정 영역별 세부 내용

(1) 내용범주

① 기본생활영역

기본생활영역에서는 영아가 건강한 생활습관을 통해 질병에 대한 면역력을 키울 수 있도록 하며, 안전한 환경에서 놀이하고 위험한 상황을 아는 것을 통해 안전사고를 예방해서 건강하고 안전하게 생활하는 능력을 기르도록 한다. 기본생활영역은 '건강하게 생활하기'와 '안전하게 생활하기'의 두 가지 내용범주로 구성되어 있다.

'건강하게 생활하기'는 몸을 깨끗이 하기, 바르게 먹기, 건강한 일상생활하기, 질병에 대해 알기를 통해 건강한 생활습관과 태도를 형성하고 질병의 위험을 알고 조심하는 내용으로 구성되어 있다.

'안전하게 생활하기'는 일상생활에서 안전하게 놀이하기, 교통안전 알기, 위험한 상황 알기를 통해 영아들이 안전하게 놀이하고 생활하는 습관을 형성하는 데 중점을 둔다.

내용범주	내용
건강하게 생활하기	• 몸을 깨끗이 하기 • 바르게 먹기 • 건강한 일상생활하기 • 질병에 대해 알기
안전하게 생활하기	• 안전하게 놀이하기 • 교통안전 알기 • 위험한 생활 알기

② 신체운동영역

신체운동영역에서는 영아가 규칙적으로 신체활동에 참여함으로써 신체조절 능력과 기본 운동 능력을 기르도록 한다.

'감각과 신체 인식하기'는 영아가 감각 능력과 감각기관 활용 능력을 기르고 다양한 신체 움직임을 탐색하도록 하는 내용으로 구성되어 있다.

'신체조절과 기본운동하기'는 영아가 움직일 때나 정지해 있을 때 신체의 균형을 잡을 수 있는 조절력을 기르고, 팔, 다리, 목, 허리 등의 대근육 조절력 및 눈과 손의 협응력과 조작 능력 등의 소근육 조절력을 기르며, 몸의 축이 한 장소에서 다른 장소로 변화되는 이동운동과 몸의 축이 변화되지 않고 이루어지는 제자리 운동을 통해 기본운동 능력의 기초를 형성하는 데 중점을 둔다.

'신체활동에 참여하기'는 영아가 자발적이며 규칙적으로 신체활동에 참여하며, 실내 및 실외에서의 다양한 활동과 간단한 기구를 이용한 활동을 통해 신체활동의 즐거움을 느끼고 자발적인 신체운동 습관을 기르는 데 중점을 둔다.

내용범주	내용
감각과 신체 인식하기	• 감각 능력 기르기 • 감각기관 활용하기 • 신체를 인식하고 움직이기
신체조절과 기본운동하기	• 신체 균형잡기 • 대근육 조절하기 • 소근육 조절하기 • 기본운동하기
신체활동에 참여하기	• 신체활동에 참여하기 • 바깥에서 신체활동하기 • 기구를 이용하여 신체활동하기

③ 의사소통영역

의사소통의 내용범주는 듣기, 말하기, 읽기, 쓰기로 구분된다. 그러나 듣기와 말하기, 읽기와 쓰기는 서로 연속적인 행위로 밀접히 연결되며, 쓰면서 말한다거나 읽는 것을 듣는 것처럼 다른 내용범주들과도 서로 연계되어 있다.

'듣기'는 말하는 사람을 주의 깊게 보면서 그 사람이 전달하는 말소리나 짧은 문장, 짧은 이야기를 듣고 그 의미를 이해하는 능력을 기르는 내용이다.

'말하기'는 상대방을 바라보며 자신이 원하는 생각이나 느낌을 낱말과 간단한 문장으로 전달할 수 있는 능력을 기르는 것이다.

'읽기'는 짧은 그림책과 주변의 친숙한 환경 인쇄물에 흥미를 나타내는 것이며 '쓰기'는 손과 팔, 눈의 협응이 더 잘 이루어지면서 끼적이기를 즐기는 내용을 포함한다.

내용범주	내용
듣기	• 말소리 구분하여 듣고 의미알기 • 짧은 문장 듣고 알기 • 짧은 이야기 듣기 • 말하는 사람을 주의 깊게 보기
말하기	• 낱말과 간단한 문장으로 말하기 • 자신의 원하는 것을 말하기 • 상대방을 바라보며 말하기
읽기	• 그림책과 환경 인쇄물에 흥미 가지기
쓰기	• 끼적이며 즐기기

④ 사회관계영역

사회관계에서는 자신의 특성을 보다 발달된 방식으로 인식하고 자기와 다른 사람의 여러 가지 분화된 기본 정서를 알고 반응하며 가족, 또래, 교사 등 주변의 친숙한 사람과 함께 생활하는 기초 능력과 사회적 가치를 익히도록 한다.

'나를 알고 존중하기'는 영아가 자신과 다른 사람의 모습을 구분할 줄 알고, 자신이 선호하는 것을 표현할 줄 알도록 하는 데 중점을 둔다. '나와 다른 사람의 감정 알기'는 영아가 자신의 여러 가지 감정을 말과 행동으로 나타내도록 격려하며 다른 사람의 여러 가지 감정에도 반응하는 내용으로 구성되어 있다.

'더불어 생활하기'는 영아가 자신의 가족에게 애정을 표현하고, 또래에게 관심을 보이며 함께 놀 줄 알고, 자신이 속한 반이나 교사를 인식할 수 있으며, 기본적인 사회적 가치를 알고 실천하도록 하는 데 중점을 둔다.

내용범주	내용
나를 알고 존중하기	• 나를 구별하기 • 좋아하는 것 해보기
나와 다른 사람의 감정 알기	• 나의 감정을 나타내기 • 다른 사람의 감정에 반응하기
더불어 생활하기	• 내 가족 알기 • 또래와 관계하기 • 자신이 속한 집단 알기 • 사회적 가치를 알기

⑤ 예술경험영역

예술경험영역은 2세 유아가 자신의 신체와 주변의 환경에서 예술적 요소를 탐색하고 리듬, 노래, 움직임, 미술활동, 모방 및 상상 놀이로 표현하고, 주변의 환경과 자연 및 다양한 표현에서 예술적 요소를 감상하고 즐기는 태도를 기르기 위한 영역이다. 예술경험영역은 '아름다움 찾아보기', '예술적 표현하기', '예술 감상하기'의 세 가지 내용범주로 구성되며, 내용범주별 내용은 다음과 같다.

내용범주	내용
아름다움 찾아보기	• 예술적 요소 탐색하기
예술적 표현하기	• 리듬 있는 소리와 노래로 표현하기 • 움직임으로 표현하기 • 자발적으로 미술활동하기 • 모방과 상상 놀이하기
예술 감상하기	• 아름다움 즐기기

⑥ 자연탐구영역

자연탐구영역에서는 2세 영아가 관심과 호기심을 가지고 주변세계와 환경을 탐구하는 태도와 생활 속에서 일어나는 수학적, 과학적 상황에 대해 탐구하는 능력을 기르도록 한다.

'탐구하는 태도 기르기'는 주변 사물과 자연세계에 호기심을 가지고, 관심 있는 사물을 반복하여 주도적으로 탐색하기를 즐기도록 하는 데 중점을 둔다.

'수학적 탐구하기'는 수량 인식하기, 공간과 도형에 관심 가지기, 차이에 관심 가지기, 단순한 규칙성에 관심 가지기, 구분하기의 내용으로 구성되어 있다.

'과학적 탐구하기'는 물체와 물질 탐색하기, 주변 동식물에 관심 가지기, 자연을 탐색하기, 생활도구 사용하기의 내용으로 구성되어 있다.

내용범주	내용
탐구하는 태도 기르기	• 호기심 가지기 • 반복적 탐색 즐기기
수학적 탐구하기	• 수량 인식하기 • 공간과 도형에 관심 가지기 • 차이에 관심 가지기 • 단순한 규칙성에 관심 가지기 • 구분하기
과학적 탐구하기	• 물체와 물질 탐색하기 • 주변 동식물에 관심 가지기 • 자연을 탐색하기 • 생활도구 사용하기

Chapter 04

대학 프로그램

1 이화여자대학교 부속유치원: 이화유치원 교육과정

1) 설립배경

이화여자대학교 사범대학 부속유치원(이하 이화유치원)은 기독교 정신을 교육이념으로 1914년에 미국인 선교사 브라운리에 의해 설립하였다. 이화유치원 교육과정은 전통 아동교육 사상과 기독교 정신 및 루소(Roussesau), 프뢰벨(Fröbel), 듀이(Dewey)로 이어지는 아동 중심과 피아제, 비고츠키의 사회문화이론 등이 철학적·심리적 기초로 구성된다. 전통 아동교육 사상은 이화유치원에서 최상의 가치인 유아 자신의 잠재력을 최대한 계발하여 진·선·미의 성품을 갖춘 민주시민으로 성장할 수 있도록 도와 도덕적 인간 육성의 기초가 된다(이화여자대학교 사범대학 부속 이화유치원, 2002). 또한 이화유치원의 기독교 정신은 교육이념 및 생활주제 설정의 의의와 목표에서 찾아볼 수 있으며 교육활동 내용에 성경, 찬송가, 성경동화, 기도, 부활절, 추수감사절, 성탄절 등을 포함하는 등 교육과정에 많은 영향을 미친다. 또한 현재에도 기독교 관련 교육활동과 행사들도 지속적으로 실시하고 있다. 이화유치원에서는 유아의 놀이와 자기활동이 자신의 감성과 생각을 밖으로 표출한다고 강조하였다. 이는 프뢰벨의 유아가 자신이 직접 만든 은물을 가지고 놀이과정에서 감각기관을 훈련하고, 우주법칙을 깨달아 신성을 인식하게 되며, 창조적인 활동을 발달시킨다는 사상을 뒷받침한다.

이화대학교 부속유치원 홈페이지(http://www.ewha-kids.com)에 소개된 이화유치원 교육과정 관련 내용은 다음과 같다.

◎ 교육이념
이화유치원은 기독교 정신을 토대로, 유아들이 자연스러운 일상생활과 놀이 속에서 많은 것을 경험하게 하여 잠재력을 최대한 계발시킴으로써 진(眞) · 선(善) · 미(美)의 성품을 갖춘 민주 시민으로 성장할 수 있도록 돕는 데 중점을 둔다.
◎ 교육목적
이화유치원은 유아의 발달 특성, 흥미, 요구에 기초하여 주제에 따른 교육내용과 풍부한 교육적 환경 및 시설을 제공함으로써 신체, 언어, 사회정서, 표현, 탐구능력 등 전인적 성장을 할 수 있도록 돕는데 목적이 있다.

◎ 교육목표
첫째, 심신의 건강과 조화로운 인성 발달을 도모한다.
둘째, 사회 현상에 대한 관심과 기본생활습관 형성 및 더불어 사는 것에 필요한 능력을 배양한다.
셋째, 긍정적 자아개념을 형성하여 즐겁고 행복한 삶을 영위한다.
넷째, 예술 세계에 대한 관심과 창의적 표현 능력을 함양한다.
다섯째, 말과 글에 대한 관심과 의사소통능력을 배양한다.
여섯째, 자연 및 주변 세계에 대한 관심과 창의적인 사고 및 문제해결능력을 함양한다.

2) 이화유치원 교육과정

(1) 이화유치원 교육과정

한국 사회에서 전통적으로 강조한 아동교육 사상과 듀이의 교육이론인 '계속성의 원리'와 '상호작용의 원리'에 기초하여 유아의 흥미와 경험을 반영하는 생활주제를 중심으로 이루어지는 통합적 교육과정을 실행하며 또래와 교구와의 활발한 상호작용을 통해 학습하도록 흥미영역별로 학급환경을 구성하고 유아가 자신의 흥미에 따라 자유롭게 영역을 선택하게 된다.

(2) 이화유치원 교육과정 특성

- 유아들은 일상생활에서 선정된 단원 중심의 교육과정으로 몇가지 주제에 대한 심화학습보다는 많은 주제에 대한 개괄적인 인식을 목적으로 한다.
- 듀이의 경험 중심이론을 통한 직접적 경험학습을 통해 전인적 발달이 이루어지는 교육내용을 선정하고 있다.
- 듀이의 아동 중심, 생활 중심, 경험 중심으로 유아가 또래, 교구를 통

한 활발한 상호작용이 학습할 수 있도록 흥미영역별로 학급환경을 구성한다.

- 이화유치원 교사역할은 유아가 학습활동을 주도적으로 계획, 실행, 학습결과를 확인할 수 있도록 다양하고 풍부한 학습환경을 제공하는 것이다.
- 생활주제 중심으로 이루지는 통합적 교육과정으로 유아의 전인적 발달을 도모하며, 특히 사회·정서적 발달을 중요시하고 유아들이 생활하는 동안 경험할 수 있는 내용을 비슷한 주제끼리 모아 선정한다.

3) 프로그램 구성

(1) 학급구성

이화유치원은 교육과정반(반일제) 5학급과 방과후과정반(종일제) 1학급으로 구성하고 있다.

(2) 하루일과

만 3·4·5세 유아반의 하루일과는 날씨, 아동의 흥미, 특별 행사에 따라 융통성 있게 조절된다.

2 중앙대학교 부속유치원: 활동 중심 통합교육과정

1) 설립배경

중앙대학교 부속유치원(이하 중앙대 부속유치원)의 활동 중심 통합교육과정은 코메니우스, 루소, 프뢰벨, 듀이, 몬테소리, 피아제 등의 이론 중에서 놀이와 활동, 감각교육, 개별성, 창의성, 책임감 및 독립심, 자유와 선택, 자아존중, 개념발달, 상호작용의 중요성 등 유아들에게 적절한 개념들을 통합하여 우리나라 유아교육현장에 적용한다는 것이다(이기숙, 2000). 중앙대 부속유치원 교육과정은 활동 중심 통합교육으로 유치원 초기부터 계승하여 온 '아동 중심철학'을 실천하며, 우리나라에서 오랫동안 실시하던 단원 중심의 유아교육에 대한 재구성적 노력이기도 한다(중앙대학교 사범대학 부속유치원 편, 1991).

2) 중앙대학교 부속유치원 교육과정 특징

중앙대 부속유치원의 활동 중심 통합교육에서는 '유아의 경험과 관심, 흥미로부터 발현되어 함께 만들어 나가는 교육과정, 유아의 발달에 적합한 교육과정이다'라는 교육이론 및 실제가 아동 중심적인 교육과정으로 이루어졌다. 아동들을 위한 최적의 교육환경을 제공하고, 우리나라 유치원 교육현장의 여건과 교육적 요구를 잘 반영하여 모든 유치원에서 적용할 수 있는 프로그램, 가장 한국적인 유아교육 프로그램을 지향하고자 '활동 중심 통합교육과정'을 실행해 나가고 있다(이숙희·허미애, 2004). 활동 중심 통합교육은 아동을 인격적인 존재로 존중할 뿐만 아니라 교육현장에서 유아들이 보이는 흥미나 욕구를 출발점으로 교육이 유아에게 의미 있는 교육이 되도록 한다는 뜻이다.

3) 목적

중앙대학교 부속유치원이 추구하는 어린이상은 '몸과 마음이 건강하고 자율적인 사람', '바른 인성을 가지고 더불어 살아가는 사람', '창의적으로 생각하고 다양한 문화를 즐기는 사람', '자연을 소중히 여기고 즐겁게 탐구하는 사람'이다. 이에 따른 교육목표는 다음과 같다.

첫째, 몸과 마음을 건강하게 하며 기본생활습관을 기른다.

둘째, 의사소통을 위한 언어능력과 바른 언어사용습관을 기른다.

셋째, 자신을 존중하고 다른 사람과 더불어 생활하는 능력과 태도를 기른다.

넷째, 자신의 생각과 느낌을 창의적으로 표현하는 능력과 태도를 기른다.

다섯째, 호기심을 가지고 주변 세계를 탐구하며 자연을 존중하는 태도를 기른다.

여섯째, 우리나라를 사랑하고 문화적 다양성을 존중하는 태도를 기른다.

4) 프로그램 특징

이 프로그램의 특징은 유아의 과거 경험과 현재 경험을 통합시켜 재구성하여 이를 다시 미래의 경험으로 통합시켜 주는 일이다. 이때 교사는 주제를 예상하여 선정하기도 하지만 유아와 유아, 교사와 유아의 상호작용 과정에서 합의하여 주제를 선정하기도 한다(중앙대학교 부속유치원 편, 1997). 이때 유아와 유아, 유아와 교사, 교사와 교사 간의 경험 통합, 유치원과 지역사회 생활 간의 연결, 교육 내용 간의 연계 및 통합, 유아 개개인이 가지고 있는 지식이나 개념을 통합 재구성, 유아발달영역 간의 통합, 영역별 활동 간의 통합을 통한 전인교육을 의미한다. 이는 단순히 주제를 중심으로 한 영역별 활동 간의 통합 개념에서 학습자 내면에서의 통합적 학습경험을 위한 다양한 요소 간의 통합을 강조하고 있다.

주제가 선정되면 개별, 집단활동으로 나누어 활동한다. 개별활동은 언어, 수, 과학, 미술, 요리, 책보기, 조작활동, 나무토막활동, 역할놀이 등의 실내 자유선택과 모래, 물, 목공등과 같은 실외 자유놀이활동으로 이루어진다. 집단활동은 이야기 나누기, 동시·동화·동극, 음악, 신체활동, 현장학습 등으로 이루어지도록 하였다.

중앙대 부속유치원 교육과정의 핵심요소는 흥미 중심의 개별화교육, 유아 중심의 통합교육, 활동 중심의 창의성교육, 관계 중심의 인성교육이다. 교육과정에서의 교사역할은 유아의 발달 수준을 파악하고 구체적인 경험과 다양한 활동을 마련하여 이들이 무엇인가를 흥미롭게 배워나갈 수 있도록 돕는 것이다. 교사는 활동 과정 안에서 유아의 사고가 진전되는 방향, 흥미정도를 끊임없이 탐색하고, 그 결과를 교육과정에 적극적으로 반영하고자 노력한다. 교육과정의 자세한 내용은 활동 중심 교육과정, 활동 중심 통합교육과정, 활동 중심 통합교육과정자료집 1, 2를 참고할 수 있으며(중앙대학교 부속유치원 편, 1983, 1989, 1999, 2008) 중앙대학교 부속유치원에 관한 전반적인 정보는 www.cau-kinder.or.kr에서 찾아볼 수 있다.

3 연세대학교 아동생활지도연구원: 개방주의 교육과정

1) 배경

1975에 설립된 실험적인 유아교육기관인 연세대학교 어린이생활지도연구원은 듀이의 실용주의 철학, 피아제의 발생학적 인식론, 인본주의 심리학을 이론적 토대로 하여 아동에 대한 신뢰와 존중, 학습의 개별화, 아동주도활동, 놀이 및 상호작용을 강조하는 개방식 접근방법의 유아교육과정을 실시하고 있다.

연세대학교 아동생활지도연구원 홈페이지에 소개된 개방주의 프로그램 관련 내용은 다음과 같다.

◎ 아동관

아동은 고유한 본성을 지닌 독립된 인격체이다.
아동은 타고난 잠재력을 발달시킬 수 있는 존재이다.
아동은 배울 수 있는 능력을 지닌 존재이다.
아동은 놀이하는 존재이다.
아동은 관계 속에서 성장하는 존재이다.

◎ 교육목표 및 추구하는 인간상

연세대학교 어린이생활지도연구원은 개방주의 철학의 핵심적 가치를 반영하여 우리나라 실정에 맞는 교육목표, 내용, 교수-학습방법, 평가 요소를 선정하였다.

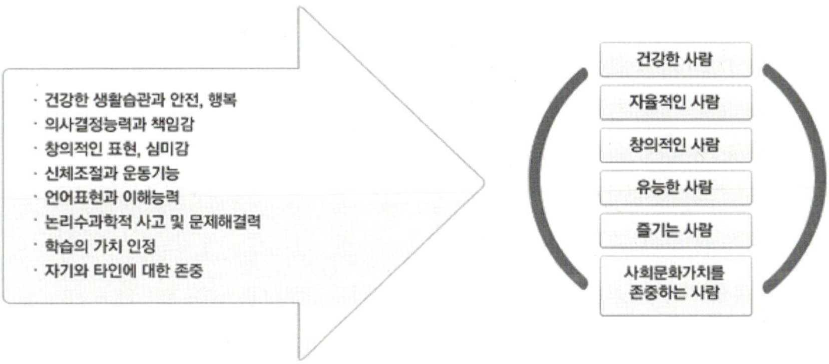

◎ **교수방법**
아동의 선택과 의사결정을 최대한 존중한다.
아동이 주도적으로 이끄는 놀이 중심의 경험을 장려한다.
혼합학습목표보다는 학습이 이루어지는 과정에 중점을 둔다.
교사 대 아동, 환경과 아동 간의 상호작용 및 개별학습 기회를 극대화한다.
혼합연령으로 집단을 구성하여 아동 간의 폭넓은 경험을 강조한다.
교사 팀티칭을 통해 개별아동의 요구에 부합되는 교육을 지향한다.
실내활동뿐 아니라 실외에서의 다양한 경험과 활동 선택을 장려한다.

◎ **프로그램**
- 개방주의 유아교육 프로그램
  - 유아반(만 3·4세반)
  - 유치반(만 5세반)
- 영아교육 프로그램
  - 엄마·아빠와 함께 하는 영아교육 프로그램

출처: http://www.yonseichild.org

2) 프로그램 특징

(1) 개방주의교육

물리적인 개방성으로 정의되는 개방주의교육은 비구조적인 형태를 지니고 있으며 아동에게 자유롭게 선택할 수 있는 시간이 주어진다. 교육내용보다는 과정을 중시하며 전통적인 교육에서 탈피하고자 하므로 유아를 존중하는 환경을 제공하고 능동적이고 유능한 학습자인 유아가 고도의 자유로운 선택권과 개별화된 활동의 주도권을 갖게 된다.

(2) 개방주의교육 프로그램의 특징

- 유아가 활동의 선택권과 주도권을 많이 갖도록 기회를 부여한다.
- 교육경험의 통합성과 과정을 지향한다. 유아가 다양한 활동에 참여하도록 하고 흥미가 지속되는 동안 활동을 중단하거나 다른 활동으로 전환시키지 않는다.

- 활동은 소집단 또는 개별 유아를 대상으로 이루어지며 대집단활동은 극소화한다. 유아는 100분 정도의 자유선택활동에 참여하고 활동 수와 방법을 제한하지 않는다.
- 교사 대 유아의 상호작용 비율을 낮추기 위해(4:27) 두 명 이상의 교사가 팀으로 지도하고 유아의 개별적 특징을 파악한다.
- 혼합 연령으로 학급을 구성하여 유아들의 협동과 협조가 활발하게 이루어지도록 한다.
- 교사는 교육활동을 세밀하게 계획하고 상호작용 기술과 유아의 발달수준을 파악할 수 있어야 하고 이를 주의깊게 기록한다.
- 유아의 흥미를 자극하는 흥미영역과 특수목적 학습활동이 진행되는 학습센터 등의 개방된 교육환경에서 다양한 활동을 동시에 진행된다.

3) 프로그램 구성

(1) 학급구성

연세대학교 어린이생활지도연구원은 만 3·4세 혼합연령 집난으로 총 4개 학급이 구성되어 있으며 교사 2명과 보조교사 1명이 한 학급당 22~25명의 유아를 담당하고 있다. 만 5세반은 2개 학급으로 학급당 26~28명의 유아를 2명의 교사가 지도한다.

(2) 하루일과

만 3·4세 유아반의 하루일과는 날씨, 아동의 흥미, 특별 행사에 따라 융통성 있게 조절되며 운영시간은 만 3세는 4시간, 만 4세는 5시간이다.

표 4-1 만 3·4세반 하루일과

오전	하루일과 내용
9:30~11:10	등원 및 놀이계획, 실내 자유 놀이, 간식
11:10~11:20	정리정돈 및 전이
11:20~11:35	소·대집단활동
11:35~12:40	실외 자유 놀이
12:40~1:30	점심식사 및 양치, 만 3세 귀가
1:30~2:20	만 4세 오전 자유 놀이 연계활동
2:20~2:30	만 4세 놀이평가 및 귀가

(3) 환경 구성

유아가 스스로 탐색하고 배울 수 있도록 개방적으로 조직된 어린이생활지도연구원은 본관과 2개의 연구동으로 이루어져 있고 사과나무 놀이터, 소나무 놀이터, 밤나무 놀이터 등 연세대학교의 풍부한 자연과 공간적 특징을 살린 다양한 실외놀이터가 마련되어 있다.

4 부산대학교 부설 어린이집: 생태유아교육 프로그램

1) 배경

자연생태계 파괴와 인간성 상실의 위기에 대한 문제의식에서 출발하여 1995년에 개원한 부산대학교 부설 어린이집은 생명 중심 사상과 전통육아의 지혜에 바탕을 둔 유아교육을 지향한다. 자본과 경쟁의 논리가 지배하는 현대 유아교육의 현실을 개선하기 위해 아동 중심 교육과정에서 생명 중심 교육과정으로, 개인 중심 교육과정에서 공동체 중심 교육과정으로, 이성 중심 교육과정에서 영유아의 몸·마음·영혼을 함께 돌보는 교육과정으로 유아교육 패러다임의 전환을 요구하고 있다(임재택, 2005).

부산대학교 부설어린이집 홈페이지에 소개된 생태유아교육 프로그램 관련 내용은 다음과 같다.

◎ **기르고자 하는 아이상**
- 생태(생명) 중심 교육을 지향합니다.
- 공동체 중심 유아교육을 지향합니다.
- 전인(몸·마음·영혼)교육을 지향합니다.

◎ **어린이상**
- 부산대학교 부설어린이집에서 추구하는 어린이상은 '신명나는 어린이'로 개성과 창조력을 지니면서 흥겨움과 멋이 흘러넘치는 가운데 남과 더불어 행복한 삶을 누리는 어린이다운 어린이를 의미한다.

◎ **보육 프로그램**

초기적응, 바깥 놀이, 산책, 텃밭가꾸기, 노인/아동 상호작용, 명상, 먹을거리, 세시풍속, 손끝 놀이, 몸짓 놀이, 절제/절약, 생태미술, 동물교감, 자연건강

출처: https://www.ecochild.or.kr/

2) 프로그램 특징

(1) 생태유아교육의 목적

생태유아교육은 경쟁적이고 제도적인 유아교육에 패러다임의 전환을 요구하고, 대안체제로 동·서양의 생명 사상과 전통 육아 지혜에 바탕을 두며 자연친화적, 공동체적인 체험 중심의 교육을 지향하고 있다.

생태유아교육에서 교육의 궁극적 목적은 생명을 보살피고, 기르고, 관계를 맺어주는 것으로 '살림의 교육'이어야 한다(김은주, 2003). 살림의 교육은 문명의 이기 속에서 자연과 놀이를 잃어버린 아이들에게 아이살림, 교육살림, 생명살림을 통해 몸·마음·영혼이 건강하게 자라고 행복한 삶을 누릴 수 있도록 실현하는 것이다.

(2) 생태유아교육 교육내용

생태유아교육에서 지향하는 '신명나는 아이'와 '신명나는 세상'을 만들고 몸·마음·영혼을 함께 돌보는 교육을 하기 위해 삶교육, 감각교육, 땀교육, 관계교육, 앎교육, 감성교육, 영성교육을 내용으로 제시하고 있다.

삶교육	행복한 삶을 위해 실제 삶을 위한, 실제 삶에 의한 내용을 선정한다. 아이가 스스로 땀을 흘리며 음식과 옷을 만들고, 집 짓는 체험을 통해 어울림과 조화, 생명의 소중함과 순환과정을 이해하게 된다.
땀교육	몸과 마음은 유기적으로 관련되어 있으므로 몸짓 놀이 등을 통해 몸과 마음을 함께 키우고 우주와 교감하도록 한다.
관계교육	사람, 사물, 자연과의 관계와 더불어 살아가는 능력을 익히도록 바깥 놀이, 노인 · 아동 상호작용 프로그램, 동 · 식물 교감 프로그램, 초기적응 프로그램 등을 경험하도록 한다.
감각교육	텃밭 가꾸기, 산책, 손끝 놀이 등을 통해 자연과 교감하고 감각을 찾는 경험을 한다.
앎교육	일상적인 삶에 유익한 앎교육, 지혜교육이라 할 수 있으며 자연 속에서 사람들과 함께 더불어 살아가면서 알아야 할 것(봄이 가면 여름이 온다는 것, 감사한 마음일 때 감사하다고 인사하기, 수 · 과학에 대한 기초지식, 기본생활습관, 예의범절 등)을 내용으로 한다.
감성교육	삶 속에서 자연의 이치를 느끼며 자연을 통해 감성을 기르고 표현하면서 예술적인 잠재력을 기를 수 있도록 예술과 감성교육 프로그램을 경험하도록 한다.
영성교육	영적 감수성을 키우고 몸 · 마음 · 영혼을 돌보는 명상 프로그램 등으로 구성된다.

3) 프로그램 구성

(1) 프로그램 내용

생태유아교육을 실천하는 부산대학교 부설어린이집의 프로그램 내용은 다음과 같다.

프로그램명	내용
바깥 놀이	어릴적 공터 놀이처럼 아이들의 바깥 놀이는 일상생활이다. 가르치거나 주제에 적합한 활동보다는 아이들의 흥미를 따라가다 보면 아이들은 자연스럽게 지식, 개념, 경험을 펼치게 된다.
산책	오감으로 자연의 생명을 느끼는 산책은 체험적 교육이며 발현적 교육이다. 하루일과 중 언제라도 가능하며 가까운 곳에서 점차 먼 곳으로 오감을 통해 자연의 생명을 체험하고 관찰한다.
텃밭 가꾸기	텃밭을 직접 일구며 수확을 하고 요리를 통해 노동의 신성함과 보람, 먹을거리와 생명의 순환을 느끼게 된다. 텃밭 가꾸기는 나름대로의 계획이 필요하며 봄, 여름, 가을, 겨울 내내 이루어지도록 한다. 재배하기 쉬운 작물로 시작하고 교육활동이 아닌 일상생활로 접근한다.
노인/아동 상호작용	노인·아동 간의 상호작용 기회를 체계적으로 제공하는 세대간 프로그램으로 노인들이 보육활동에 보조자, 보조교사 역할로 참여한다.
명상	영혼살림을 위한 실제 프로그램으로 명상을 통해 아이들은 감각이 민감해지고, 자기활동에 몰입하면서 자신을 객관적으로 보게 된다. 생활 전반에서 마음을 보아 귀 기울이기, 바라보기, 자신의 모습을 돌아보기 등의 명상을 체험하게 한다.
먹을거리	자연의 맛을 알려주고 근처에서 자란 생명력이 충실한 제철 먹거리와 절기 음식으로 신토불이의 맛과 한국인의 정서를 심어준다. 유아교육기관의 급식과 간식은 유기농 먹거리를 제공하고 채소를 키워서 먹을거리를 만들어본다.
세시풍속	세시풍속은 사회의 구성원으로서의 정체성을 확인하고 겨레의 얼을 느끼는 과정으로 놀거리, 건강한 먹거리, 풍습을 재현하면서 명절의 의미와 조상의 삶의 지혜를 배우게 된다.
손끝 놀이	아이들이 손끝을 사용해서 할 수 있는 놀이로 교실 안, 바깥 놀이터 등 공간적 제약 없이 실뜨기, 털실 짜기, 바느질, 종이 접기 등을 일상적으로 경험한다.
몸짓 놀이	몸짓 놀이는 단순한 춤이 아니라 몸을 이용해서 할 수 있는 놀이이다. 도리도리, 짝짜꿍, 곤지곤지, 잼잼 등의 전통적인 아이체조, 기체조를 변형한 도인체조, 동물형상의 몸짓놀이 전통춤에 기초한 몸짓 놀이 등이 있다.
절제·절약	물질의 생산과 돌림의 순환을 이해하고 절제·절약이 생활 속에서 실천되도록 물물교환, 알뜰마당, 폐품 재활용하기, 입던 옷 물려주기 등을 포함하며 학부모와 지역주민이 함께 협력하도록 한다.
생태미술	아이들의 신명과 생태적 감수성을 미술적으로 표현하도록 정해진 시간 보다는 산책, 바깥 놀이, 텃밭 가꾸기 등의 아이들의 삶 속에서 이루어지도록 한다.

표 4-2 만 5세반 텃밭 가꾸기 연간계획안 예시

[만 5세반 텃밭 가꾸기 연간 계획안의 예] 이 연안을 참고로 월, 주, 일일계획안을 만들어 볼 수 있습니다.

월	활동내용	월	활동내용
3월	우리 반 텃밭 둘러보기 우리 반 텃밭 팻말 만들기 땅 고르기 퇴비 뿌리기 씨앗과 흙 관찰하기 쑥갓 씨앗 뿌리기 보리 관찰하기	8월, 9월	옥수수 수확하기 옥수수 말리기 깻잎은 어떻게 되었나요? 허수아비 만들기
4월	보리 피리 불어보기 텃밭의 잡초 뽑기 쑥갓은 얼마나 자랐나요? 쑥갓 수확하기 깻잎 씨앗 뿌리기	10월	고구마 줄기 자르기 고구마 캐기 고구마 요리 축제 추수하기 들깨받기 시금치 씨앗 뿌리기
5월	보리 관찰하기 텃밭의 벌레 찾기 옥수수 씨앗 뿌리기 깻잎은 얼마나 자랐나요? 토마토 모종 심기	11월	퇴비 뿌리기 보리씨앗 뿌리기 시금치 수확하기
6월	고구마 심기 보리 베기 퇴비 뿌리기 모 심기(스티로폼 상자 이용) 옥수수는 얼마나 자랐을까?	12월	보리가 얼마나 자랐나요? 김장 담그기 팝콘 요리하기
7월	음식 찌꺼기로 퇴비 만들기 토마토 관찰 및 수확하기 지렁이 찾기 옥수수는 얼마나 자랐나요? 깻잎 수확하기	1월, 2월	퇴비 만들기 보리가 얼마나 자랐나요? 우리반이 수확한 텃밭 작물들 알아보기

출처: http://www.ecochild.or.kr

(2) 교육계획

부산대학교 부설어린이집의 교육계획은 자연의 시간과 '지금 여기' 아이들의 행복을 기본 방향으로 강조하고 있다. 연간계획, 월간계획, 일일계획을 작성하고 있으며, 주간계획은 별도로 없지만 융통성 있게 교육계획을 운영한다.

부산대학교 연간계획, 월간계획, 일일계획, 학급신문 등을 좀 더 구체적으로 살펴보면 다음과 같다.

① 연간계획

매년 새 학기가 시작되기 전 교직원 회의를 통하여 연간계획이 결정된다. 연간계획은 생활주제 또는 주제 중심 계획에서 벗어나 월별로 세분화하지 않고 계절의 흐름, 명절과 절기에 따른 인간, 자연, 사물을 포함한다. 연간 목표, 계절, 명절 및 절기, 현재 아이들의 모습, 구체적 목표, 경험 내용(삶교육, 땀교육, 관계교육, 감각교육, 앎교육, 감성교육, 영성교육), 환경 구성과 교사의 배려, 가정 및 지역사회와의 관계, 주요 행사 등의 내용을 구체적으로 반영하고 있다.

② 월간계획

월간계획은 같은 연령대의 아이들을 맡는 교사들의 참고자료이며 아이들의 흥미, 요구에 따라 수정이 가능하므로 학부모에게 발송하지 않는다. 월간계획은 주제, 이달의 행사, 현재 아이의 모습 및 교사의 도움 사항, 환경 준비, 관련내용 및 활동, 이 달을 마치며 항목으로 구성된다.

③ 일일계획 및 보육일지

생태유아교육은 세부적인 계획 중심에서 벗어나 '지금 여기' 아이들의 흥미를 강조하므로 일일계획은 등원에서 귀가할 때까지 유아의 모든 교육활동, 즉 등원 및 자유놀이, 오전활동, 점심 및 낮잠, 오후활동 등 오늘의 주요 활동을 시간별로 나누어서 반성적 저널 형식으로 기록한다. 일일계획은 보육일지의 '내일 활동계획'에서 다음날 실천할 활동을 간단하게 계획한다.

④ 학급신문

부산대 부설어린이집은 월간계획 대신 학급신문을 만들어 학부모에게 전달하고 있다. 학급신문은 한 달 동안 아이들이 생활한 모습을 기록한 것으로 한 달 동안 실천한 프로그램, 행사 뿐 아니라 다음달 행사, 교육계획 등을 소개한다.

(3) 학급구성

부산대학교 부설어린이집은 만 1세부터 만 5세까지 각 2개 학급으로 구성되어 있으며, 생태유아교육의 철학적 방향에 부합되는 사람공동체를 실현하기 위해 만 3, 4, 5세는 2개 학급의 혼합 연령반을 별도로 운영하고 있다.

(4) 하루일과

부산대학교 부설어린이집은 하루 12시간 종일제로 운영되며 새참, 점심, 낮잠 등의 일상활동과 계절, 주제에 따른 실내외활동이 융통적으로 이루어진다. 부산대학교 부설어린이집 영아반과 유아반의 하루일과는 다음과 같다.

표 4-3 영아반 하루일과

시간	활동명	활동내용	비고
7:30~8:50		실내 자유놀이(실내놀이실)	당직교사 보육
8:50~10:00	등원 및 자유놀이	교사는 영아의 건강상태를 살피고, 영아는 교실에서 자유놀이를 함	담임보육 시작
10:00~11:30	오전 새참 및 집단 활동 바깥 놀이 산책	손을 씻고 새참을 먹은 뒤 자신이 먹은 그릇을 정리(씽크대에 갖다둠), 이야기 나누기, 신체 및 표현활동 등을 대집단 혹은 소집단으로 진행 혹은 산책(부산대학교 계곡 혹은 뒷산)	주로 과일 제공, 산책 시 영아들의 안전을 위해 산책용 노란조끼 착용, 자원봉사자 활용함
11:30~12:30	점심 및 휴식	손을 씻고 점심식사	
12:30~1:00	이닦기, 옷벗고 정리, 화장실 가기	영아들의 개별지도에 중점을 둠	

시간	활동명	활동내용	비고
1:00~3:00	낮잠 준비 및 낮잠	다양한 장르의 음악을 들려줌 (클래식, 음악동화, 전래자장가 등)	
3:00~4:30	정리 및 오후 새참	이불정리하고 새참을 먹음. 씻고 옷입기, 연락장 및 개인 소지품 정리	주로 직접 조리한 음식 (튀김, 떡, 전통음료 등)
4:30~5:00	실내·외 자유 놀이	그림책 보기, 그림그리기, 퍼즐 맞추기, 종이 오리기 등의 활동이나 바깥 놀이 등 자유롭게 놀이함	영아들이 선택해서 놀이함
5:00~6:00	자유귀가	부모님이 오시는 대로 자유귀가함	담임보육 끝
6:00~7:30		실내 자유 놀이(실내 놀이실)	당직교사 보육

표 4-4 유아반 하루일과

시간	활동명	활동내용	비고
7:30~8:50		실내 자유놀이(실내놀이실)	당직교사 보육
8:50~10:00	등원 및 자유놀이	교사는 유아의 건강상태를 살피고, 유아는 교실에서 자유놀이를 함	담임보육 시작
10:00~11:40	오전 새참 및 집단활동 바깥 놀이 산책	손을 씻고 새참을 먹은 뒤 자신이 먹은 그릇을 정리(씽크대에 갖다둠), 이야기 나누기, 신체 및 표현활동 등을 대집단 혹은 소집단으로 진행 혹은 산책(부산대학교 계곡 혹은 뒷산)	주로 과일 제공, 산책 시 영아들의 안전을 위해 산책용 노란조끼 착용, 자원봉사자 활용함
11:40~1:00	점심 및 휴식	손을 씻고 점심식사	
1:00~1:30	이닦기, 옷벗고 정리, 화장실 가기	영아들의 개별지도에 중점을 둠	
1:30~3:00	낮잠 준비 및 낮잠	다양한 장르의 음악을 들려줌 (클래식, 음악동화, 전래자장가 등)	
3:00~4:30	정리 및 오후 새참	이불정리하고 새참을 먹음. 씻고 옷입기, 연락장 및 개인 소지품 정리	주로 직접 조리한 음식 (튀김, 떡, 전통음료 등)

시간	활동명	활동내용	비고
4:30~5:00	실내·외 자유 놀이	그림책 보기, 그림그리기, 퍼즐 맞추기, 종이 오리기 등의 활동이나 바깥 놀이 등 자유롭게 놀이함	영아들이 선택해서 놀이함
5:00~6:00	자유귀가	부모님이 오시는 대로 자유귀가함	담임보육 끝
6:00~7:30		실내 자유 놀이(실내 놀이실)	당직교사 보육

출처: 부산대학교 부속어린이집 홈페이지(https://www.ecochild.or.kr/)

(5) 환경 구성

부산대학교 부설어린이집은 지상 4층의 건물로 보육실, 관찰실, 교재실, 옥상 놀이공간, 바깥놀이터, 자연학습장, 부대시설로 구성되어 있다. 생태유아교육기관은 삶을 배우는 '집'과 같은 공간이기에 보육실은 집과 같이 놀이할 수 있도록 세분화된 흥미영역을 통합하거나 반별 실내공간을 통합하여 구성하고 아이들이 자율적으로 활용하도록 하고 있다. 놀이실은 플라스틱과 같은 인공적인 놀잇감보다는 나무, 돌멩이, 천 등 자연물 놀잇감을 다양하게 제공하고 있다.

그림 4-1 보육실

그림 4-2 실외환경

Chapter 05

기업 프로그램

1 삼성복지재단 어린이집

1) 배경

삼성복지재단은 여성의 사회참여 증가와 핵가족화에 따른 가정양육 기능의 약화에 적극적으로 대처하기 위한 공익활동의 일환으로 보육사업을 시작하였다. 1989년부터 현재까지 직장어린이집을 포함한 50여 개소 어린이집을 운영하고 있으며, 어린이집이 위치한 지역의 사회·경제적 수준에 따른 차별화된 보육서비스가 필요함을 인식하고 다각적인 관점으로 연구한 포괄적 보육 프로그램을 개발하였다. 더불어 보육사업의 질을 높이고 양질의 보육 프로그램을 보급하기 위해 어린이집 운영 지침을 수립하고 영유아 발달에 부합하는 영유아 프로그램(1~5세)을 개발하였다.

2) 프로그램 특징

삼성어린이집 프로그램은 중산층 유아를 위한 아동 중심 보육 프로그램과 저소득층 영유아를 위한 포괄적 보육서비스 프로그램으로 구분된다.

(1) 아동 중심 보육 프로그램

삼성어린이집 아동 중심 보육 프로그램은 진보주의 교육철학, 인지발달이론, 사회심리학이론, 사회적 상호작용이론에 기초하여 유아의 발달에 적합하고 놀이를 중요한 학습의 매체로 보고 있다. 프로그램의 일차적인 목적은 영유아의 기본적 욕구를 충족시키고, 건강하고 안전하게 보호하여 전반적인 발달을 촉진시키는 것이다.

① 보육목표

영아(1~2세)와 유아(3~5세)의 연령별 보육목표를 알아보면 다음과 같다.

㉠ 어린이(1~2세)에 대한 목표

- 기본적인 생활습관과 자조 능력을 기른다.
- 대·소근육의 움직임을 통하여 기초체력을 기른다.
- 자신에 대하여 긍정적으로 인식하고 다른 사람과 즐겁게 생활하는 태도를 기른다.
- 자연과 사물의 아름다움을 느끼고 정서적인 안정감을 가진다.
- 일상생활에 필요한 기초적인 언어 능력을 기른다.
- 주변의 사물과 자연현상에 대하여 호기심과 관심을 가진다.

어린이집에 대한 목표

- 교육: 영아의 발달에 적합한 교육 프로그램을 제공한다.
- 건강: 건강 유지를 위해 청결하고 쾌적한 환경을 제공한다.
  건강 및 질병 예방에 필요한 일을 실천한다.
- 영양: 건강한 신체 발육을 위한 영양을 공급한다.
  식품을 위생적으로 관리한다.
- 안전: 안전한 생활공간을 제공한다.
  안전한 설비 및 놀이기구를 제공한다.

㉡ 어린이(3~5세)에 대한 목표

- 기본적인 생활습관과 자조 능력을 기른다.
- 생활에 필요한 기초 체력을 기르고 건강하고 안전한 생활태도를 기른다.
- 자신에 대한 긍정적 인식을 갖고 다른 사람과 더불어 생활하며 사회현상에 관심을 가진다.
- 자연과 사물의 예술적 요소에 대한 호기심, 창의적 표현 능력, 심미감을 기르고 정서적 안정감을 가진다.
- 일상생활에 필요한 기초적인 언어 능력을 기르고 바른 언어생활 습관과 태도를 갖는다.
- 주변의 사물과 자연현상에 대하여 호기심과 관심을 가지고 탐구하는데 필요한 기초 능력과 태도를 가진다.

어린이집에 대한 목표
- 교육: 유아의 발달에 적합한 교육 프로그램을 제공한다.
  유아가 속한 가족과 사회, 문화에 적합한 교육 프로그램을 제공한다.
- 건강: 건강 유지를 위해 청결하고 쾌적한 환경을 제공한다.
  건강 및 질병 예방에 필요한 일을 실천한다.
- 영양: 건강한 신체 발육을 위한 영양을 공급한다.
  식품을 위생적으로 관리한다.
- 안전: 안전한 생활공간을 제공한다.
  안전한 설비 및 놀이기구를 제공한다.

② 교수학습 방법

이러한 보육계획의 운영은 놀이를 학습의 매체로 하여 유아-교사의 상호작용을 중시하는 교수-학습방법을 사용한다. 유아를 위한 보육환경은 장시간 머무르는 보육시설의 실내외 공간을 학습공간과 충분한 휴식이나 정서적 안정을 취할 수 있는 공간으로서 기능할 수 있도록 구성하고 있다. 유아 프로그램에서 교사는 상호작용 조력자로서 놀이촉진자, 관찰자, 평가자의 역할을 하면서 유아의 사회적 관계와 정서적인 발달을 도와주는 역할을 하게 된다.

③ 프로그램 내용

- 건강관리: 손씻기, 이닦기, 수면 및 식사지도 등을 체계적으로 연간 교육 프로그램에 반영하고, 영유아의 건강관리가 일과활동 속에서 형성되도록 지속적으로 지도하고 있다. 신체·정신건강뿐 아니라 어린이집 실내·외 환경에 대한 관리와 점검도 이루어지고 있다.
- 영양관리: 1일 2회의 간식과 1회의 식사를 제공하여 균형 있고 합리적인 급식 관리를 실시하고 있으며, 매일의 일과 속에서 올바른 식습관이 발달될 수 있도록 세심하게 배려한다.
- 안전관리: 안전에 대한 지도는 어린이집 실내·외 환경정비를 통한 물리적 관리에 주안점을 두는 안전관리와 위험한 상황에서 안전하게 행동하는 능력과 태도를 기르는 안전교육이 포함된다. 영아는 안전관리에

강조점을 두어 지도하고 있으며 안전교육은 실내·외 안전규칙, 소방교육, 교통안전교육, 견학 시 안전교육, 유괴사고방지 등의 내용을 계획하여 연간 프로그램에 반영하고 장기적인 교육을 통하여 사고를 예방하도록 한다.

- 부모교육: 삼성어린이집의 부모교육 프로그램은 부모가 부모로서의 능력, 가능성을 발견하도록 돕고 자녀에게 그 재능을 효율적으로 활용하도록 강화시키고 있으며 정보교환, 부모교육, 부모-교사 면담, 부모 자원봉사 등의 프로그램으로 구성되어 있다.

〈부모참여 프로그램〉
- 정보교환: 부모통신, 게시판, 일일보고서, 부모용 소책자, 도서 안내 및 대출
- 부모교육: 부모 오리엔테이션, 부모 강연회, 놀잇감 제작 및 활용 워크샵, 아버지 참여 프로그램, 수업참관, 부부 프로그램
- 부모-교사 면담: 부모 개별면담, 부모 집단모임
- 부모 자원봉사

표 5-1 일일보고서

이름	도착 시간	아침 식사	배변	심적 상태	귀가예정 시간 및 보호자	귀가시간 및 보호자	점심 식사	낮잠	보호자에게 전달사항, 교사에게 전달사항 (특별한 전달사항만 적어주세요)
심적상태 → 기분좋음○ 보통△ 안 좋음x 식사 → 잘먹음○ 조금먹음△ 안 먹음x 낮잠 → 잘잠○ 조금잠△ 안 잠x 배변 → 하고옴○ 안하고옴x						공지사항			

출처: 삼성복지재단(1998). 삼성어린이집 유아프로그램 총론.

- 교직원 교육: 삼성어린이집은 원장, 보육교사, 사회복지사, 영양사, 간호사, 사무원, 조리사 등의 보육교직원으로 구성되어 있고 삼성복지재단에서 주관하는 입문교육과 어린이집 원내 교사교육 등의 교직원 교육이 이루어지고 있다.

3) 프로그램 구성

(1) 하루일과

삼성어린이집의 하루일과는 정적활동과 동적활동, 개별활동과 대소집단활동, 실내 놀이와 실외 놀이의 균형을 고려하여 비구조적으로 운영하며 놀이시간을 연장하거나 자유 놀이와 연계하여 놀이가 확장되도록 융통성 있고 배려한다. 일반적인 4세반의 하루일과는 다음과 같다.

표 5-2 4세반의 하루일과

시간	활동	내용
7:30~9:00	등원 및 실내 놀이	맞이들이기, 부모와 간단한 대화 나누기, 유희실에서 실내 놀이
9:00~10:00	손씻기, 오전 간식먹기	손을 씻고 식당에서 원하는 유아와 함께 먹음
10:00~11:00	오전 실내자유선택활동	놀이실에 준비된 여러 영역의 놀이를 개별적 혹은 소집단으로 선택하여 놀이함
11:00~11:10	정리정돈 및 화장실 가기	정리정돈을 하고 화장실을 다녀온 후 대소집단활동을 위한 준비를 함
11:10~11:30	전이활동 및 대소집단활동	전이활동을 통해 유아의 주의를 환기시킨 후 동화, 동극, 게임, 실험, 자유표현 등의 다양한 대소집단활동을 함
11:30~12:20	오전 실외자유선택활동	실외에서 자유 놀이를 함
12:20~12:30	정리정돈 및 손씻기	정리정돈을 하고 손을 씻고 개별적으로 화장실에 감
12:30~13:10	점심	개별적인 상호작용을 하며 점심을 먹음
13:10~13:20	이닦기 및 화장실 가기	이를 닦고 화장실을 가며 낮잠자기에 편한 옷으로 갈아 입음

시간	활동	내용
13:20~15:20	낮잠준비 및 낮잠	자기 전에 동화를 읽고 낮잠을 잠
15:20~15:40	낮잠 깨기	먼저 깨는 유아들은 화장실을 다녀온 후 다른 유아가 일어날 때까지 책을 보거나 조작 놀이를 함
15:40~17:00	오후간식 및 실내자유선택활동	오후간식 후 놀이실에 준비된 영역의 놀이를 개별적 혹은 소집단으로 선택하여 놀이함
17:00~18:00	실외자유선택활동	날씨와 유아가 흥미에 따라 지하 유희실, 실외에서 자유 놀이를 함
18:00~18:30	귀가준비 및 귀가	개별적으로 선택하여 자유 놀이
18:30~19:30	조용한 놀이 및 귀가	조용한 놀이를 하면서 부모님이 오시는 대로 귀가

출처: 삼성복지재단(1998). 삼성어린이집 유아프로그램 총론.

(2) 환경 구성

삼성어린이집의 실내 환경은 역할, 쌓기, 언어, 수·과학, 미술, 음률영역 등의 흥미영역으로 배치되어 있고 다양한 놀잇감을 유아가 스스로 탐색하고 교사의 도움 없이 여러 방법으로 활용할 수 있도록 한다. 실외환경도 흥미영역별로 구분하여 충분한 공간에서 시설물과 놀이기구를 배치하고 안전사고를 예방하기 위하여 철저하게 점검하고 관리한다.

(3) 포괄적 보육서비스 프로그램

포괄적 보육서비스는 저소득층 영유아의 보호(건강, 영양, 안전, 위생관리)와 교육뿐 아니라 부모를 위한 부모교육 및 부모지원, 지역사회와의 연계를 통한 사회복지서비스를 포함하는 것이다. 포괄적 보육서비스의 구성체계 및 내용은 다음과 같다.

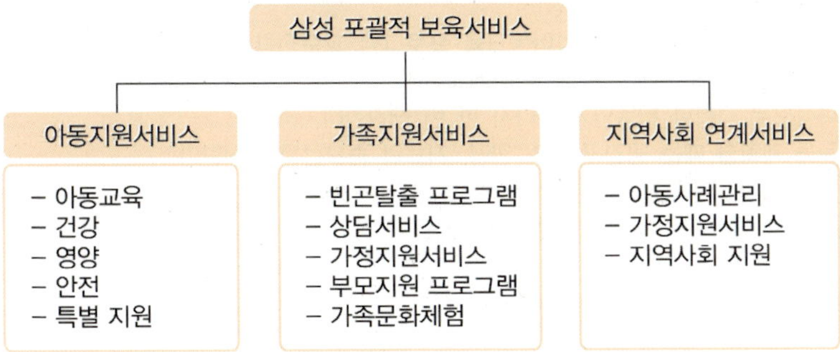

출처: 삼성복지재단(1998). 삼성어린이집 유아프로그램 총론.

① 아동교육 프로그램

저소득층 아동은 중산층 아동에 비해 기본생활습관이 비교적 덜 형성되어 있고 공격적이며 사회·정서적 능력, 수·과학·언어 등의 인지발달 능력이 낮은 편이다. 아동지원 프로그램은 저소득층 아동의 개인·문화적 특징을 고려하고 사회·문화적 환경에서 결핍될 수 있는 제한된 경험을 보완해야 한다.

이에 따른 아동교육 프로그램의 구체적 목표는 다음과 같다.

- 기본생활습관을 바르게 형성하고 자조 능력을 기른다.
- 친사회성을 증진하여 또래와의 친근한 관계를 지속하도록 한다.
- 놀이에 몰입하는 경험을 갖고 협동 및 극화 놀이를 즐기도록 한다.
- 효과적인 의사소통 능력을 기른다.
- 읽고 쓰기에 대한 관심을 갖도록 한다.
- 기본적인 수·과학 개념을 형성한다.
- 정서적인 안정감을 갖고 적절하게 자신의 감정을 표현함으로써 자기통제 능력을 기르도록 한다.
- 새로운 것을 학습하는 것에 대한 관심과 흥미를 갖도록 한다.
- 주변을 주의 깊게 관찰하는 태도와 탐구하는 자세를 갖도록 한다.
- 집단의 한 구성원으로서 자신의 역할을 알고 책임을 다하는 태도를 기른다.

<아동교육 프로그램 교수전략>

- 아동의 개별적 수준이 맞는 활동을 계획한다.
- 문화적으로 적합한 활동인가를 다시 한 번 생각한다.
- 활동을 계획할 때는 공간구성 및 환경, 자료의 중요성을 인식한다.
- 활동 진행 시 언어만으로 설명해서는 안 된다.
- 활동 진행 시 사적 언어나 상상적 언어사용이 많아지도록 상호작용한다.
- 자유 놀이 전에 하고 싶은 놀이를 선택할 수 있도록 놀이실을 둘러보도록 한다.
- 등원 시에는 반가운 모습으로 맞이한다.
- 놀이 시에 몰두하도록 놀이시간을 충분히 제공한다.
- 시작한 일은 끝까지 할 수 있도록 도와준다.
- 전이활동 시 아동들 간에 갈등상황이 벌어지지 않도록 세밀하게 계획한다.
- 실외자유선택활동이나 대근육활동은 메일 1~2회 실시한다.
- 대·소집단활동은 세밀하게 계획하여 아동이 좌절을 느끼지 않도록 한다.
- 자료나 놀잇감의 선택은 아동 스스로 자발적으로 이루어지도록 한다.
- 혼자 휴식공간을 마련하고 편안히 활용하도록 격려한다.
- 아동의 작품을 수시로 바꾸어서 전시해 주고 칭찬해 준다.

아동교육 프로그램의 활동과 하루 일과 예시는 다음과 같다(한국유아교육학회 편, 2006).

표 5-3 아동교육 프로그램 활동 예

교육	기본생활습관	• 예절 바르게 인사하기 • 혼자 바르게 옷 입기 • 우리 몸 깨끗이 하기
	언어활동	• 엄마와 함께하는 문해활동 • 책 만들기(아이스크림책 만들기, 신문으로 만든 우리 가족 이름책, 나의 글자책) • 조사활동 및 관찰활동
	사회·정서활동	• 1인 1화분 기르기 • 원예활동 • 도우미활동 • 요리활동(아이스크림 만들기, 꼬치전, 송편 등)
	표현활동	• 상상 놀이 • 주제별 그림 그리기
건강 안전 위생	건강	• 의료서비스(건강검진, 치과·안과 진료) • 신체발육발달 검사
	안전	• 성교육 • 주변 환경에 대한 안전

	위생	• 이·미용서비스 • 목욕서비스
	놀이치료	• 언어, 미술, 율동, 체육 등
	1:1 결연 프로그램	• 문해, 피아노, 무용 지도 등

표 5-4 아동교육 프로그램 하루일과 예(만 5세)

시간	활동	내용
7:30~9:00	등원 및 통합보육	• 유아건강 및 청결상태 점검하고 맞아들이기 • 부모와 간단한 대화 나누기 • 멸치와 콩 먹기
9:00~10:30	자유선택활동 및 오전 간식	• 놀이실에 준비된 여러 영역의 놀이를 개별적 혹은 소집단으로 선택하여 놀이하기 • 오전 간식은 유아가 원하는 시간에 원하는 양 먹기
10:30~10:45	정리정돈 및 화장실 가기	• 정리정돈을 하고 화장실에 다녀온 후에 대·소집단 활동을 위한 준비하기
10:45~11:15	이야기 나누기 및 대집단 활동	• 자유선택활동 회상하기 • 했던 활동 소개하고 평가하기 • 자유선택 활동시의 특별한 사항에 대한 문제제기와 논의하기 • 주제와 관련한 이야기 나누기 및 동화 듣기
11:15~12:30	실외자유선택활동	• 대근육활동, 탐구활동, 물·모래 놀이활동 등 다양한 놀이하기
12:30~13:30	손씻기와 점심식사, 이닦기	• 손을 씻고 점심식사를 한 후 이닦기
13:30~14:30	휴식 및 낮잠	• 시청각실 혹은 교실에서 휴식 취하기 • 낮잠이 필요한 유아는 낮잠 자기
14:30~16:00	개별 심화활동	• 유아나 부모의 개별적 요구를 수용, 특별 심화활동을 운영하고 수, 언어활동 등에 특별한 지도가 필요한 유아의 개별학습 지도하기
16:00~16:30	오후간식	• 손씻고 간식 먹은 후 자유롭게 실외로 나가기
16:30~18:00	실내·외 자유선택활동	• 실외(혹은 놀이실)로 나가 놀이하기 • 하루 일과의 평가가 필요한 날은 평가시간 갖기 • 오전활동의 심화활동, 특별히 계획된 프로젝트 활동하기
18:00~19:30	통합보육 및 귀가	• 통합보육 공간에서 조용한 놀이를 하면서 부모님이 오시는 대로 귀가하기

② 부모지원 프로그램

부모지원 프로그램은 부모가 자녀를 잘 양육하도록 돕고, '온'가족의 교육·사회·경제적 상황을 향상시키는 것을 목적으로 하고 있으며, 프로그램 내용은 빈곤탈출사업, 상담서비스, 가정 지원서비스, 부모교육 프로그램 개발 등이 있다.

③ 지역사회 연계 프로그램

저소득 가정의 아동과 부모의 요구에 부응할 수 있는 전문적인 자원을 개발하여 맞춤서비스를 실시하는 것으로 지역사회기관 또는 민간단체 등과 협력하고 연계하는 프로그램이다.

2 푸르니보육지원재단

1) 배경

영유아의 행복한 성장을 최우선의 가치로 여기는 푸르니보육지원재단은 우수한 직장어린이집을 설립·운영하는 푸른보육경영에서 2012년에 출발한 보육전문기관이다. 푸르니보육지원재단은 직장어린이집 위탁운영, 보육 프로그램 연구개발, 보육교직원 교육, 부모·가족 지원사업을 실시하고 있으며, 기업을 대상으로 직장어린이집 설치 컨설팅과 보육 취약지역을 위한 우수한 보육환경 모델 구축 등의 공익사업을 지원하고 있다.

푸르니보육지원재단 홈페이지(https://www.puruni.com)에 소개된 내용은 다음과 같다.

◎ **보육이념**
- 아동 중심 보육철학
- 아동 주도적 학습과정
- 전문적인 교사 상호작용

◎ **추구하는 어린이상**

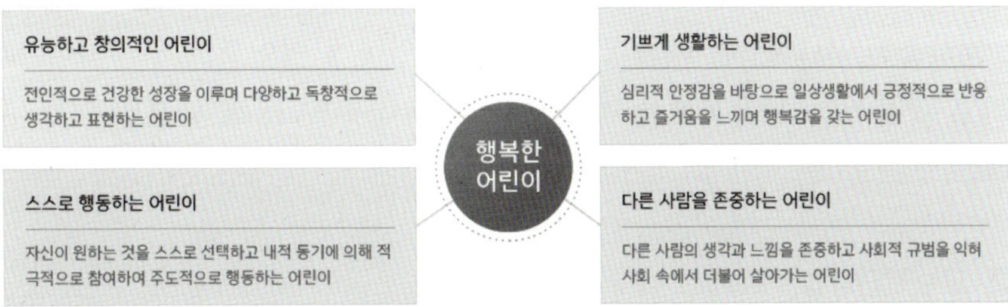

◎ **프로그램**
- ▸ 푸르니 연령별 보육 프로그램
  - 영유아의 자발적 선택, 주도, 몰입이 이루어지는 놀이 중심 프로그램
  - 연령별 발달 수준에 따른 중점 사항 강조

> ▸ 푸르니 특성화 프로그램
> - 미래세대에게 요구되는 critical thinking(사고력), creativity(창의성), collaboration(협력)을 강조
> - 영유아에게 다양한 경험과 즐거운 학습 기회 제공

출처: http://www.puruni.com

2) 프로그램

푸르니보육지원재단은 국가의 표준보육과정, 누리과정을 토대로 연령별 보육 프로그램과 푸르니 특성화 프로그램으로 구성되어 있다.

(1) 푸르니 영아보육 프로그램

푸르니 영아보육 프로그램은 0~2세를 대상으로 하며 개별적 양육 프로그램(0세), 자발적 탐색을 위한 오감각 체험 프로그램(만 1세), 자율성 증진을 위한 주도적 놀이 프로그램(만 2세)을 연령별로 차별화하여 구성하였다.

① 보육목표와 보육내용

푸르니 영아보육 프로그램은 국가수준 표준보육과정의 기본생활, 신체운동, 의사소통, 사회관계, 예술경험, 자연탐구의 6개 영역으로 구분하여 보편적이고 공통적인 보육목표를 제시했다. 보육내용은 18개 내용범주로 구성된다.

② 교수학습방법

푸르니 보육 프로그램은 피아제(Piaget)와 비고츠키(Vygotsky)의 구성주의이론, 에릭슨(Erikson)의 사회심리이론 등을 포함하고 있다. 특히 교수학습방법의 핵심원리는 영유아의 흥미에 따른 선택, 주도, 몰입으로 이어지는 칙센트미하이(Csikszentmihalyi, 1990)의 몰입이론에 기초하고 있다. 영유아는 하루일과의 다양한 놀이와 활동을 개인의 흥미, 관심, 발달에 따라 선택

하고 주도적으로 참여하며 지속적으로 몰입하게 된다. 푸르니 어린이집에서는 영유아가 이러한 학습과정에 참여하면서 행복감과 유능감을 느끼도록 개별화교육을 강조하고 있다. 영아의 경우 발달적 개인차가 크기 때문에 기질, 발달 속도, 발달 특성에 따른 개별화된 상호작용을 더욱 중시하고 있다.

- 민감하고 온정적인 보살핌을 통한 안정애착 형성
- 영아의 자율적 선택과 참여에 의한 능동적인 학습
- 탐색과 놀이를 통한 학습
- 개별화가 강조된 학습
- 지속적인 관찰을 반영한 융통적 학습

(2) 푸르니 유아보육 프로그램

만 3~5세를 대상으로 하는 푸르니 유아보육 프로그램은 사고력 증진을 위한 통합적 활동 프로그램(만 3~4세), 초등연계를 위한 통합적 학습 프로그램(만 5세)으로 구성되어 있다.

① 보육목표와 보육내용

푸르니 유아보육 프로그램은 국가수준 누리과정의 신체운동·건강, 의사소통, 사회관계, 예술경험, 자연탐구 5개 영역의 보편적이고 공통적인 보육목표를 제시했으며 보육내용은 20개 내용범주로 구성된다.

② 교수학습방법

푸르니 유아보육 프로그램은 유아가 스스로 선택한 활동에 주도적인 참여와 몰입을 통하여 능동적인 학습과정이 이루어지도록 지원하고 배려하여 유아의 유능감과 개성이 발현될 수 있는 개별화 교수전략을 사용하고 소집단 상호작용을 격려하여 또래와의 긍정적인 관계를 형성하도록 한다.

- 유아의 계획과 주도에 의한 능동적인 학습
- 주제 통합을 통한 학습

- 놀이와 활동을 통한 학습
- 개별화와 소집단이 강조된 학습
- 직접 체험을 통한 학습

(3) 푸르니 특성화 프로그램

① 체험을 통해 배우는 Plan-Go-Play 프로그램

흥미롭고 관심있는 체험활동을 계획(Plan), 교실 밖에서 직접 보고 듣고 느끼며 체험(Go), 체험활동 후 놀이 확장하기(Play)로 경험과 학습의 통합성이 증진된다.

② 자기표현 및 창의력 증진을 위한 Story Toc 프로그램

유아가 스스로 책을 만들어 보면서 책에 대한 관심을 확장시키고, 생각과 느낌을 자유롭게 표현하면서 창의적 사고와 읽고, 쓰고, 말하고, 듣는 언어 표현능력이 길러지는 통합적인 프로그램이다.

③ 자유로운 신체표현을 위한 풀리풀리

푸르니 신체 특성화 프로그램으로 동요와 함께 다양한 체조를 즐기면서 신체운동기능과 전인적 성장을 도모하고자 한다.

3) 프로그램 구성

(1) 하루일과

하루일과는 안전한 환경 속에서 개별화된 보육과 교육적 경험이 이루어지는 시간으로 구성되고 연령별로 영유아의 발달 특징과 요구 등을 고려하여 활동의 균형을 맞추어 규칙적으로 계획되고 운영된다. 영아반은 개인차를 고려해 활동의 대부분을 개별적으로 상호작용하도록 하며 등·하원, 실내·외 자유 놀이활동, 급·간식, 전이 등의 일과로 구성된다.

유아반은 등원, 실내외 자유 놀이와 교육활동, 간식과 식사, 낮잠 및 휴식 등의 일과로 구성되고 일과 시간 편성은 어린이집의 상황, 계절, 날씨, 행사 등에 따라 융통적으로 조절될 수 있다. 푸르니 어린이집의 하루일과는 다음과 같다.

표 5-5 영아(2세)반 하루일과

시간	주요일과	주요 활동 내용
7:30~8:50	등원 및 통합보육	• 보호자와 헤어지고 선생님, 친구와 인사하기 • 선생님과 함께 개별 놀이하기
8:50~10:30	간식 및 실내 자유 놀이	• 오전 간식 먹기 • 신체, 언어, 감각, 탐색, 역할·쌓기, 표현 영역에서 이루어지는 자유로운 활동 및 놀이
10:30~10:40	전이	• 놀잇감 정리하기 • 화장실 다녀오기 • 기다리며 간단한 활동하기(노래부르기, 손유희 등)
10:40~11:40	실외 자유 놀이(실내 놀이터 놀이)	• 물·모래, 대근육, 탐색 및 표현 영역에서 이루어지는 자유 놀이 • 영아용 복합시설물 오르내리기
11:40~12:40	정리 및 점심식사	• 놀잇감 정리 및 손과 얼굴 씻기 • 즐겁게 식사하기, 골고루 먹기 • 식사 후 식판 스스로 정리하기 • 양치 후 동화 듣기, 그림책 보기
12:40~15:00	낮잠 및 조용한 놀이	• 조용한 음악 들으며 낮잠 자기 • 기분 좋게 일어나기 및 낮잠 자리 정리 • 화장실 다녀오기
15:00~17:00	간식 및 실내 자유 놀이	• 신체, 언어, 감각, 탐색, 역할·쌓기, 표현영역에서 이루어지는 자유로운 활동 및 놀이 • 오전 놀이와의 연계, 반복, 확장
17:00~18:00	실외 자유 놀이(실내 놀이터 놀이)	• 오후 간식 먹기 • 물·모래, 대근육, 탐색 및 표현영역에서 이루어지는 자유 놀이 • 영아용 복합시설물 오르내리기
18:00~18:40	저녁식사	• 저녁 식사하기 • 즐겁게 먹기, 골고루 먹기 • 식사 후 정리하기
18:40~22:00	통합보육 및 귀가	• 선생님과 함께 조용한 놀이

시간	주요일과	주요 활동 내용
		• 귀가 준비(씻기, 머리빗기, 옷입기 등) 및 귀가 • 선생님과 인사하고 보호자와 귀가

표 5-6 유아(3~4세)반 하루일과

활동 시간	주요일과	주요 활동 내용
7:30~9:00	등원 및 오전 통합보육	• 보호자와 헤어지고 선생님, 친구와 인사하기 • 유아가 개별적으로 활동 선택하여 놀이
9:00~10:50	간식 및 실내 자유 놀이	• 친구들과 즐겁게 간식 먹기 • 간식 먹은 후 개별적으로 정리, 화장실 다녀오기 • 역할, 쌓기, 언어, 수·과학, 미술, 음률영역 등 여러 흥미영역에서 이루어지는 자유 놀이 • 놀잇감 정리정돈 및 화장실 다녀오기
10:50~11:10	대·소집단활동	• 필요시 새로운 놀잇감이나 활동 소개 • 대집단 혹은 소집단활동 • 3세와 4세를 나누어 소집단으로 실시할 수 있음
11:10~12:00	실외 자유 놀이 (실내 놀이터 놀이)	• 물·모래, 신체, 탐색 등 자유 놀이(유동교구나 시설물 이용)
12:00~13:00	전이 및 점심식사	• 손 씻기 • 즐겁게 먹기 • 골고루 먹기 • 스스로 먹기 • 이닦기 • 화장실 다녀오기
13:00~15:00	낮잠 및 휴식 조용한 놀이	• 양치 후 동화듣기 • 조용한 음악 들으며 낮잠 자거나 휴식
15:00~17:00	간식 및 실내 자유 놀이	• 친구들과 즐겁게 간식 먹기 • 오후활동의 연속 및 확장 • 소집단 특별활동(3세 이상에 한해 주 2, 3회) 예) 연령별 소집단으로 이루어지는 영역, 음악, 신체활동 프로그램
17:00~17:50	실외 자유 놀이 (실내 놀이터 놀이)	• 실내에서 이루어지는 자유 놀이 예) 물모래 놀이, 식물관찰, 경사로나 계단 오르내리기, 자전거타기 등 • 날씨, 시기(계절)에 따라 실내 놀이로 대체 가능, 실내와 실외활동의 순서를 조정할 수 있음
17:50~18:30	저녁식사	• 손씻기 • 저녁 식사하기 식사 후 정리하기
18:30~22:00	야간 통합보육 귀가 준비 및 귀가	• 개별 혹은 소집단의 조용한 놀이 • 귀가 준비(자기 물건 챙기기, 머리 빗기, 양말 신기 등) • 선생님, 친구들과 인사하고 보호자와 귀가하기

출처: 푸르니보육지원재단(2016). 푸르니보육 프로그램 총론. 서울: 다음세대.

(2) 환경 구성

직장어린이집의 특성상 어린이집에서 보내는 시간이 길고 일상생활과 교육이 함께 이루어지므로 건강과 안전을 기반으로 집과 같은 물리적 환경을 구성한다. 영유아가 개별적으로 선택한 활동을 즐기면서 학습하도록 영유아의 선택권을 보장할 수 있는 공간구성과 각 어린이집의 개성과 심미감이 드러나고 친환경적인 요소를 활용하도록 한다.

- 발달적으로 적합한 환경
- 선택을 존중하는 환경
- 안전한 환경
- 건강한 환경
- 심미적 경험을 제공하는 안락한 환경
- 융통성 있는 다양한 환경

Chapter 06

외국 영유아 프로그램

1 프로젝트 접근법

1) 프로그램 배경

프로젝트 접근법(project approach)은 1989년대 미국에서 캐츠(Katz)와 차드(Chard)가 소개하면서 세계적인 관심을 받게 되었다(Katz & Chard, 1989). 그러나 실제로 프로젝트 접근법은 1920년대 듀이가 프로젝트 접근법을 유아에게 적합한 교수-학습방법으로 소개하였으며, 킬패트릭(Kilpatrick)에 의해서도 프로젝트 접근법을 소개되어 많은 교사들로부터 각광을 받았다. 1960년대 미국의 뱅크스트리트 프로그램과 1960~1970년대 영국의 유아학교에서 실시한 '열린교육'에서도 그 방법적 접근을 볼 수 있다.

프로젝트 접근법이란 교사와 유아가 학습할 가치가 있는 특정주제를 선정하여 그 주제를 심층적으로 조사·연구하는 교수-학습방법으로 유아의 생활세계에 대한 이해를 증진시키고, 계속 학습하고자 하는 성향을 형성해 나가고자 한다. 이러한 접근법은 레지오에밀리아 프로그램의 학습활동에서 유아의 작품과 연구 발표 등을 통해 나타나며, 가드너의 다중지능이론에서도 협동과 통합이 강조되는 학습의 방법으로 나타난다.

우리나라에서도 열린 교육의 실시로 인해 프로젝트 접근법이 시도되고 운영되어 왔으며, 우리나라 교육현장에 맞게 적합한 교육적 접근방법으로 수정되어 실시되어 왔다.

2) 교육 목적 및 목표

프로젝트 접근법의 교육 목적은 유아의 주변 세계에 대한 이해를 향상시키고 지속적으로 학습하려는 성향을 키워 주는 것이라고 제시하고 있다(Katz & Chard, 1989). 구체적 목적은 다음과 같다.

- 유아의 주변 세계에 대한 이해를 향상시키고 지속적인 학습 성향을 키

워준다.

- 체계적 교수와 자발적 놀이를 프로젝트 활동으로 보완하여 균형 있게 향상시킨다.
- 유아교육기관에서 경험한 놀이 경험과 유아들이 살고 있는 실제 삶이 분리되지 않도록 돕는다.
- 교사들에게 자신의 새로운 교수 경험을 도전적으로 시도하도록 한다.
- 유아들에게 소속감과 공동체 의식이 형성되도록 기회를 제공한다.

이러한 프로젝트 접근법의 목적을 달성하기 위한 구체적인 목표는 지식의 습득, 기술의 습득, 성향의 발달, 느낌(감정)의 4가지 유형으로 구분되어 있다.

- 새로운 지식의 획득은 사상, 개념, 도해, 사건, 사실, 정보, 이야기, 신화, 노래의 대본, 그 외 다른 구성이 되거나 학습된 것이라는 제목하에 둘 수 있는 생각의 내용들이다.
- 기술의 습득은 작고 구체적이며 비교적 명료한 행동단위 또는 행동으로 비교적 쉽게 관찰되거나 유추되는 활동이다(예: 자르기, 그리기, 모여 있는 사물을 세기, 친구와 사귀기).
- 성향의 발달은 비교적 지속적인 마음의 습성들 또는 여러 유형의 상황 경험에 반응하는 독특한 방식들이다(예: 작업 중의 끈기, 호기심, 관대함 또는 탐욕, 독서를 하려는 경향). 지식이나 기술의 항목과는 달리 성향은 한 번에 익혀야 할 최종적인 상태는 아니다. 그것은 경향이거나 또는 행동의 일관적인 패턴이며 성향을 갖게 된다는 것은 오직 반복적인 표현에 의해 확립된 결과인 것이다.
- 느낌(감정)은 주관적인 감정 또는 애정적인 상태이다(예: 소속감, 자기존중, 확신, 적응 또는 부적응, 능력 또는 무능력). 중요한 현상에 대한 감정은 일시적인 것에서부터 지속적인 것까지, 강력한 것에서부터 약하거나 모호한 것까지 매우 다양하며 유아교육에서의 태도와 가치관 역시 이 영역에 포함될 수 있다.

3) 프로젝트 접근법의 구조적 특성

프로젝트 접근법의 구조적 특성은 교수·학습 과정 면에서 시작, 전개, 마무리 3단계 과정으로 전개된다. 프로젝트 각 단계를 프로젝트활동의 전형적 요소들인 토의, 현장활동, 표현, 조사, 전시로 구조화하여 보는 것이다. 이러한 다섯 가지 특성과 기본 요소는 교사에게 구조적 특성을 염두에 두고 유아들의 다양한 흥미와 학습요구를 충족시킬 수 있는 프로젝트 각 단계에 필요한 활동을 위해 융통성 있는 프로젝트 체계의 개발을 수행해 나가야 한다. Chard(1994)은 프로젝트의 다섯 가지 구조적 특성이 갖는 기능을 다음과 같이 제시하였다.

표 6-1 프로젝트 구조 특성이 갖는 기능

구분	1단계: 프로젝트 도입	2단계: 프로젝트 전개	3단계: 프로젝트 마무리
토의	주제에 대한 이전 경험과 현재 지식을 상호 공유하기	• 현장활동과 면담을 위한 준비 • 현장활동 검토 • 2차 자원으로부터 학습	• 프로젝트 전 과정을 주변 사람들과 나누기 위한 준비 • 프로젝트 검토와 평가
현장활동	주제와 관련된 경험을 부모와 함께 이야기 나누기	• 현장조사를 위해 교실 밖으로 나가기 • 교실이나 현장에서 전문가와 면담	• 외부 사람을 통한 프로젝트 평가
표현	이전 경험과 현재 지식을 교사나 친구들과 지식을 나누기 위해 그리기, 쓰기, 구성하기, 극놀이활동	• 간단한 현장 스케치와 노트 • 새로운 학습을 표현하기 위해 그림 그리기, 색칠하기, 쓰기, 도표(math diagram), 지도작성하기	• 관심을 가진 다른 사람들과 프로젝트를 나누기 위해 전 과정을 요약, 정리
조사	현재 지식에 기초하여 질문 만들기	• 처음의 질문들을 조사하기 • 현장활동과 문헌조사 • 보다 발전되고 심화된 질문 구성	• 새로운 질문에 대한 고찰

구분	1단계: 프로젝트 도입	2단계: 프로젝트 전개	3단계: 프로젝트 마무리
전시	주제에 대한 개인 경험을 표현한 것 나누기	• 새로운 경험과 지식에 대해 표현한 것 상호 공유 • 프로젝트활동에 대한 계속적인 보고	• 프로젝트 전 과정에 걸친 학습 요약

출처: 김수영 외(2016). 영유아 프로그램 개발과 평가. 경기: 양성원.

4) 교육 내용 및 방법

프로젝트 접근법은 학습은 내용과 방법을 함께 제시하는 방법론적 접근이다. 프로젝트 진행은 준비과정을 거쳐 프로젝트 1단계(시작단계), 2단계(전개단계), 3단계(마무리단계)를 거친다.

(1) 프로젝트 준비단계

프로젝트활동 성패의 중요한 것 하나는 프로젝트 준비단계이다. 프로젝트 준비단계에서 다양하고 충분한 준비는 유아의 흥미와 관심, 하고자 하는 내적 동기 유발이 가능하게 하여 역동적 프로젝트가 되기 위한 전제 조건이다. 따라서 프로젝트 준비단계는 실제 프로젝트 시작 전 교사가 여러 가지를 계획하고 준비하는 단계로 기본적인 방향과 전체 진행 과정에 있어 매우 중요한 절차이다. 준비단계에서 주제선정은 유아의 흥미와 관심, 교사의 가치판단을 기반으로 이루어진다.

① 주제선정

프로젝트 준비단계에서는 가장 먼저 주제선정이 이루어져야 하는데, 주제선정 방법은 교사가 유아에게 제시하고 싶은 주제를 선정하거나 유아의 흥미나 요구에 따라 교사와 유아가 협의하여 선정하기도 한다. 또한 주제는 생활주제의 하위 주제에서 유아의 흥미와 관심에 따라 주제가 선택되기도 하며, 유아의 과거 경험이나 일상생활에서 관심있는 주제, 유아들에게 흔히 일어 날 수 있는 문제상황과 유아들이 경험한 직접경험뿐 아니라 간접경험까지도 프로젝트 주제로 선정할 수 있다.

캐츠와 차드(1997)는 프로젝트 접근법에서 주제선정의 기준을 보다 구체적으로 제시하고 있다.

첫째, 유아들의 일상생활에서 직접관련 경험이 있는 친숙한 주제인가? 유아들에게 제시되어야 하는 주제는 추상적 주제보다는 구체적인 주제와 주위에서 흔히 볼 수 있는 주제가 바람직하다. 예를 들면, 동물보호보다는 개미, 매미, 잠자리, 나비와 같은 곤충이 일상생활에서 쉽게 경험할 수 있고 직접 관찰 가능한 주제가 적합한 주제라고 볼 수 있다.

둘째, 주제와 관련된 실물, 현장견학과 함께 이야기 나누거나 활동할 수 있는 전문가 등을 주변에서 쉽게 찾을 수 있는 주제인가? 프로젝트 전개과정에서 현장에서 직접 조사하는 것이 유아들에게 탐색활동을 촉진시키며 궁금한 것을 직접 질문할 수 있는 기회를 촉진시킨다.

셋째, 여러 활동영역이나 학문영역을 통합적으로 다룰 수 있도록 하는 주제인가?

넷째, 유아들 간에 서로 더 잘 이해하고 도울 수 있는 상호 협동 기회를 제공하고 있는 주제인가?

다섯째, 탐구와 조사활동을 위한 충분한 기회를 제공할 수 있는 주제인가?

여섯째, 문제해결의 기회를 제공하는가?

일곱째, 구성(construction), 조사, 극화 놀이, 표현활동 등을 위한 아이디어를 제공할 수 있는 주제인가?

여덟째, 유아들이 실제 생활 상황에서 문자나 수의 가치를 이해하도록 하는가?

주제 선정의 기본 전제는 유아들이 생활과 관련된 생활주제와 실제 경험이 가능한 현상 그리고 필요한 자료나 자원에 쉽게 접근할 수 있는지 여부가 우선적으로 고려해야 하며, 어린 유아일수록 주제는 구체적이며, 현재에 관한 것이어야 한다(지옥정, 1996; Helm & Katz, 2001).

② 주제망 선정

주제망 구성은 유아 수준보다는 교사가 그 주제에 관련된 지식, 개념, 중심 아이디어들을 망의 형태로 나타내는 것이다. 예비주제망 구성을 통해 교사는 자신이 그 주제에 대해 어느 정도의 지식과 개념을 갖고 있는지, 흥미가 있는지 파악하게 되며, 실제 프로젝트활동이 이루어지기 전에 학습 내용의 기본 준거가 된다. 또한 프로젝트 시작단계에서 유아와 함께 주제망을 구성할 때 유아들의 브레인스토밍에서 유아들의 생각이나 활동 확장을 지원할 수 있다.

준비단계 주제선정과 주제망 구성은 프로젝트 시작단계에서 학습내용 예상안을 작성하여 학습내용의 기본 윤곽이나 방향을 예상할 수 있다. 이러한 과정은 프로젝트활동의 필수적 요소인 자원 목록 작성에 중요한 기초가 되고, 프로젝트 진행과정에서 유아가 자주 접하는 기본 어휘와 중심 개념을 주제로 선정하게 된다. 또 주제에 필요한 자원목록을 1차적 자원(직접 경험 가능)과 2차적 자원(간접적 경험 가능)을 구분하여 작성하고, 필요한 자원을 준비해야 한다. 그리고 유아들이 프로젝트활동을 보다 활발하게 할 수 있도록 여러 가지 자원을 영역별로 적절하게 배치하거나 게시하는 환경 구성이 필요하다.

이렇게 교사의 준비과정이 끝나면 프로젝트가 시작되기 일주일 전에 학부모에게 프로젝트 예상안을 안내하고 필요한 부분은 협조를 얻는다. 부모와의 지속적인 연계가 이루어질 때 프로젝트가 효과적으로 진행될 수 있다.

(2) 프로젝트 시작: 1단계

프로젝트 시작 단계에 따른 전개과정은 다음과 같다(Chard, 1994; Katz & Chard, 1989). 주제가 선정된 후에 교사와 유아들은 도입을 위한 토의를 하는데, 이때 유아는 주제에 대해 경험한 이야기를 자세히 나누며 다른 유아들과 서로의 경험과 생각을 공유한다. 유아들은 주제와 관련하여 자신이 경험한 것과 이해하는 것을 극화하거나 그림 그리기, 쓰기 등으로도 표현한다. 이런 과정 후에 유아들이 조사하고자 하는 질문 사항들의 목록을 작성한다. 프로젝트 시작 단계에서 부모 참여를 돕기 위한 프로젝트 안내 및 협조 요청이 이루어진다.

표 6-2 1단계 중심과제, 유아활동, 교사활동

구분	내용
중심과제	•주제에 관한 토의 및 사전경험 나누기 •주제망 구성하기 •질문 목록 작성하기
교사활동	•주제에 관한 기본 어휘 및 중심개념 선정하기 •유아들이 흥미 있어 하는 주제에 대한 학습내용/활동목록 작성하기 •유아들의 질문목록 작성을 돕기 •주제망 작성을 통한 자원 목록 작성하기 •부모들에게 프로젝트에 대해 알릴 수 있는 방법(가정통신문, 전화상담)
유아활동	•주제와 관련있는 개인적 경험 회상 및 표현 •공통적인 경험과 다른 경험 공유하기 •개인적으로 알고 싶은 것에 관한 질문 생각하기

(3) 프로젝트 진행: 2단계

프로젝트 진행단계에 따른 전개과정은 다음과 같다(Chard, 1994; Katz & Chard, 1989). 프로젝트 2단계는 작성한 질문 목록과 계속적으로 알고 싶어 하는 새로운 질문에 대해 궁금한 것을 현장조사하기 위한 계획을 수립하고 전문가를 유아교육기관에 초빙하여 유아들과 직접 이야기를 나누도록 한다. 따라서 교사는 유아들이 새로운 경험을 직접 할 수 있도록 준비하며 그 외 필요한 자원들을 수집한다.

① 현장견학 전 활동

현장견학은 프로젝트 과정 중에 1회 또는 그 이상 실시하는 것이 효과적이다. 그 이유는 유아들이 현장견학을 통해 프로젝트와 관련이 깊은 물체나 현상에 대해 직접 경험해 볼 수 있는 기회를 얻기 때문이다. 현장견학을 위한 준비는 유아들이 보고 싶은 것, 누구에게 질문할 수 있는지, 인터뷰할 대상, 학급으로 가지고 돌아올 수 있는 자료에 대해 생각해 보고 토의하고 기록하는 작업이 포함된다.

② 현장견학활동

현장견학은 유아교육기관을 벗어나 유아교육기관 밖에서 체험하는 것이다. 특히 유아들은 현장견학을 통해 프로젝트 주제와 관련된 동·식물, 사람, 사건, 장비 및 각종 행사들을 직접 탐색하고 관찰하는 기회를 갖는다.

③ 현장견학 후 활동

현장견학을 마치고 돌아와 유아교육기관에서 좀 더 구체적으로 알고 싶은 부분을 기록하거나 그려둔다. 교사와 유아들은 무엇을 보고, 누구와 어떤 이야기를 나누었는지, 배운 것은 무엇이었는지 확인하게 된다. 현장견학 후에는 현장활동을 통해 알아온 것들, 흥미로웠던 일을 그림으로 그리거나 도표로 작성하기, 만들기, 글로 적기와 같은 사후활동을 한다.

④ 전문가 방문

전문가 방문은 주제와 관련된 경험이 풍부한 전문가의 방문을 말한다. 교사는 전문가 인사를 교실에 초빙하여 유아들과 대화하고 질문하는 과정을 통해 프로젝트활동을 더욱 의미 있게 활성화시킨다. 자원인사 방문은 꼭 현장 견학 이후에 이루어지는 것이 아니므로 프로젝트 진행과정에 따라 진행단계의 초기에 이루어질 수 있다.

프로젝트활동들을 진행하는 동안 교사는 유아들에게 실제적으로 현장견학이나 전문가와 이야기할 수 있는 기회를 주어 직접적인 조사나 탐구활동이 이루질 수 있도록 한다. 조사탐구활동은 주로 현장견학, 책, 비디오, 실물, 자원인식 등을 통한 직·간접적 경험 등을 제공해주어 유아들의 탐색과 조사활동을 도와 줄 수 있다. 또한 각 유아가 특성에 맞는 활동에 적극적으로 참여할 수 있도록 동기유발과 각 유아들의 활동 내용이나 표현방법이 잘 이루어질 수 있도록 적절한 지도를 해주어야 한다.

표 6-3 2단계 중심과제, 교사활동, 유아활동

구분	내용
중심과제	• 현장견학 실시 전 예비 토의하기 • 현장견학하기 • 현장견학 후 활동계획 세우기 • 전문가를 방문 또는 초빙하여 조사·탐구하기
교사활동	• 유아들의 탐구·표상의 전개활동 관찰하면서 지원하기 • 유아들이 조사활동과 전문가와의 이야기를 할 수 있게 격려하기 • 유아들의 활동에 필요한 자원 자극 제공하기
유아활동	• 현장견학 계획 세우기 • 현장견학으로 탐구한 것에 대한 기록하기 • 추후활동으로 조사하고 탐구한 내용 표상하기 • 전문가와 인터뷰를 통해 궁금한 것 조사하기

(4) 프로젝트 진행: 3단계

프로젝트 마무리인 마지막 3단계는 프로젝트 과정 중 나온 학습 결과물을 전시하거나 발표함으로써 다른 사람들과 프로젝트 전개과정을 공유하는 시간을 갖는다. 3단계에서 교사는 유아들과 어떤 자료나 결과물을 전시하며 설명하고자 하는 자료를 선택하는 과정을 통해 함께 의논하고 결정한다. 프로젝트 진행과정에서의 전시회 및 발표회는 교사와 유아, 부모, 원장 선생님, 다른 반 유아들, 관계 인사들을 초청하여 함께 나눔의 시간을 갖는다. 교사는 프로젝트 준비단계에서 계획했던 것에 비추어 프로젝트가 효율적으로 진행되었는지 정리하고 평가하는 기회를 갖는다. 프로젝트 3단계의 중요한 사건인 전시회 및 발표회는 단순히 1, 2단계에 이어 프로젝트를 종결짓는 자리로서의 의미보다는 훨씬 가치 있는 활동이다.

표 6-4 3단계 중심과제, 교사활동, 유아활동

구분	내용
중심과제	• 마무리하는 행사를 통해 지금까지의 과정을 재검토, 평가, 경험 공유 • 학습결과 정리 • 전시회 준비 및 실행 • 프로젝트에 대한 평가
교사활동	• 프로젝트에 참여한 유아들에 의해 전시회가 준비되고 시행하도록 조정하기 • 단순히 전시 효과만 나타내지 않고 본래의 의미 나타내기(아이디어 상호공유, 서로 간의 의사소통, 학습 재검토, 이해정도 점검) • 프로젝트의 기초자료 활용을 위해 문서화하여 보관하기 • 전시회 준비 지원 및 실행 • 프로젝트 마무리
유아활동	• 프로젝트활동과정을 통해 성취한 결과물 재검토하기 • 대표적인 작품 정리하기, 초대장, 장소 정리로 프로젝트 전시회 준비하기 • 전시되었던 작품 정리와 프로젝트활동 평가하기

5) 프로젝트에 대한 평가

전시회를 마치고 난 후 프로젝트 전 과정과 전시회를 회상하면서 평가하는 시간을 갖게 된다. 이때 평가는 재미있었던 점, 프로젝트 과정 중에서 기억에 남은 일, 고쳐야 할 점 등을 이야기하고 결과물도 유아교육기관에서 기록으로 남길 작품과 가정으로 가져갈 작품도 선별하는 마무리단계도 중요 활동으로 포함된다.

헬름과 슈타인하이머(Helm & Steinheimer, 1997)는 프로젝트 과정의 기록화가 갖는 중요성을 제시하였다.

- 기록은 프로젝트로부터 학습한 것들을 보다 확장하고 깊이 있는 유아들의 학습강화
- 기록은 유아들의 생각과 활동들에 대한 연속적인 과정과 결과로 인한 만족감과 성취감 형성

- 기록은 교사와 유아들이 함께 평가함으로 자발적이고 주체적인 학습자로 발전
- 기록은 학교에서 유아들이 경험한 것들에 대한 부모의 적극적인 참여기틀 마련
- 기록은 교사가 유아들의 계획과 이해, 유아들의 경험에 주목하는 과정을 통해 전문직으로서 교사 의식 함양
- 기록은 형식적인 테스트에 의해 평가될 수 없는 유아들의 학습과 과정에 관한 정보제공

프로젝트 접근법은 우리나라 국가수준의 교육과정 누리과정과 표준보육과정과 상호보완적이고 통합적 관계로 실행할 필요가 있다. 누리과정과 표준보육과정에 제시한 생활주제와 유아들의 일상생활과 관심사를 반영하여 여러 가지 프로젝트 주제와 함께 한다면 전체 교육과정의 질을 높이는 데 효과를 가져올 수 있다(이기숙, 2013).

달팽이 프로젝트

1. 프로젝트 활동주제: 달팽이

2. 주제 선정의 이유

달팽이는 여름 장마철에 유아가 주변에서 쉽게 접할 수 있는 동물로, 자신의 생활 속 달팽이에 대한 지식을 구성할 수 있도록 돕고 더 나아가 조별로 달팽이를 직접 키워보는 활동을 통하여 관찰학습과 탐구활동, 협동학습을 유도해 내고 학습흥미 유발, 책임감, 성취감 등을 느끼며, 사회성발달과 오감발달을 촉진시킬 수 있으므로 주제로 선정하게 되었다.

3. 주제 선정 준거

주제 선정 준거를 정리해 보면 다음과 같다.

첫째, '달팽이'는 생활환경 주위에서 쉽게 접할 수 있으며 가정 내에서 직접 길러보는 등의 체험활동을 제공할 수 있다.

둘째, 교육과정의 신체운동건강·의사소통·자연탐구 등의 영역들을 통합적으로 다룰 수 있는 주제로 판단된다.

셋째, 주제 '달팽이'와 관련된 실물(기르기 체험활동), 책, 그림자료 등의 자원수집 및 현장견학이 용이하다.

넷째, 대·소집단활동을 통해 유아들 간에 서로를 더 잘 이해하고 도와주는 상호협동 및 집단 역동성을 알게 해주는 기회를 제공할 것이다.

다섯째, '달팽이'는 탐구, 조사활동, 문제해결의 기회 등 유아가 스스로 고찰해 볼 수 있는 기회가 많이 주어질 것이라 판단된다.

여섯째, 그리기, 만들기, 쓰기, 구성하기, 음률활동 등 다양한 표현활동을 위한 아이디어를 제공하는 주제일 것이다.

일곱째, 가정과 연관하여 부모들과의 의사소통 또한 촉진할 수 있는 주제이다.

여덟째, 다양한 활동을 통해서 유아들 간의 소통으로 서로를 더 잘 이해하는 상호작용을 할 수 있는 주제이다.

달팽이 프로젝트

준비단계

1) 주제망 구성

2) 3~5세 누리과정영역별 활동내용 예상안 구성

3) 기본 어휘 및 중심 개념 설정

4) 자원 목록 작성

5) 부모님들께 알리기

6) 환경 구성

1) 주제망 구성

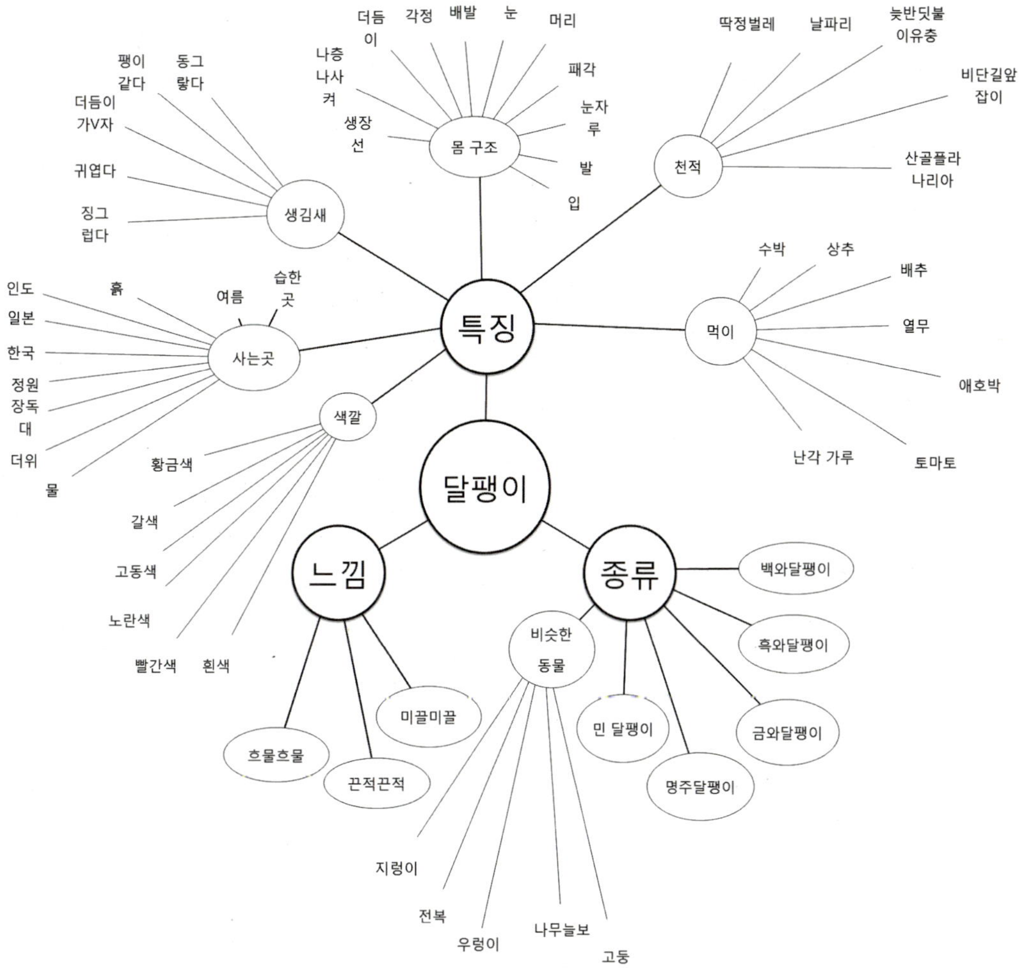
달팽이
특징
느낌
종류
몸 구조
더듬이
각정
배발
눈
머리
패각
눈자루
발
입
생장선
나층나사켜
생김새
팽이 같다
동그랗다
더듬이 가V자
귀엽다
징그럽다
천적
딱정벌레
날파리
늦반딧불이유충
비단길앞잡이
산골플라나리아
먹이
수박
상추
배추
열무
애호박
토마토
난각 가루
사는곳
인도
일본
한국
정원
장독대
더위
물
흙
여름
습한 곳
색깔
황금색
갈색
고동색
노란색
빨간색
흰색
흐물흐물
끈적끈적
미끌미끌
비슷한 동물
지렁이
전복
우렁이
나무늘보
고둥
백와달팽이
흑와달팽이
금와달팽이
명주달팽이
민 달팽이

2) 3~5세 누리과정영역별 활동내용 예상안 구성

(1) '달팽이'활동내용 예상안

영역	내용범주	활동내용
신체운동·건강	신체인식하기	• 감각으로 달팽이의 특성과 차이를 구분한다. • 달팽이의 각 부분의 특성을 이해하고 활용하여 움직인다.
	신체조절과 기본운동하기	• 달팽이의 다양한 자세와 움직임 요소를 활용하여 움직인다. • 눈과 손을 협응하여 소근육을 조절해 본다. • 제자리에서 몸을 다양하게 달팽이처럼 움직여 본다.
	신체활동에 참여하기	• 달팽이 표현 신체활동에 자발적이고 지속적으로 참여한다. • 친구들과 함께 하는 신체활동에 참여한다.
	건강하게 생활하기	• 달팽이를 관찰한 후 손을 씻는다. • 하루 일과에 즐겁게 참여한다.
	안전하게 생활하기	• 현장 견학 시 안전규칙을 지킨다. • 안전한 장소를 알고 안전하게 놀이한다.
의사소통	듣기	• 달팽이 이야기를 듣고 궁금한 것에 대해 질문한다. • 달팽이 관련 동요, 동시, 동화를 다양한 방법으로 듣고 이해한다. • 다른 사람의 이야기를 끝까지 주의 깊게 듣는다.
	말하기	• 달팽이에 관한 이전 경험 말하기 • 달팽이에 대한 자신의 느낌, 생각, 경험을 적절한 낱말과 문장으로 말한다.
	읽기	• 달팽이에 관한 글의 내용에 관심을 가지고 읽어본다. • 달팽이 관련 책의 그림을 단서로 내용을 이해한다.
	쓰기	• 달팽이에 관한 말이나 생각을 글로 나타낼 수 있다. • 달팽이에 대한 자신의 느낌, 생각, 경험을 글자와 비슷한 형태나 글자로 표현한다.
사회관계	나를 알고 존중하기	• 달팽이를 주제로 내가 하고 싶은 일을 계획하고 해 본다. • 내가 할 수 있는 일을 스스로 한다.
	나와 다른 사람 감정 알고 조절하기	• 달팽이에 대한 자신의 감정을 알고 표현한다. • 자신의 감정을 상황에 맞게 조절한다.
	가족을 소중히 여기기	• 가족과 함께 달팽이에 대해 궁금한 점을 알아본다. • 달팽이의 암컷과 수컷에 대해 알아본다.
	다른 사람과 더불어 생활하기	• 다른 사람과 도움을 주고 받고, 서로 협력한다. • 달팽이 활동을 할 때 약속이나 공공규칙을 잘 지킨다.

영역	내용범주	활동내용
	사회에 관심 갖기	• 달팽이에 대해 알아본다. • 일상생활 속 달팽이와의 공존에 대해 관심을 가진다.
예술 경험	아름다움 찾아보기	• 달팽이의 움직임과 몸의 모양, 힘, 빠르기, 흐름 등을 탐색한다. • 달팽이에 관한 색, 모양, 질감, 공간 등을 탐색한다.
	예술적 표현하기	• 달팽이 관련 노래로 자신의 생각과 느낌을 표현한다. • 달팽이 움직임과 춤으로 자신의 생각과 느낌을 표현한다. • 달팽이의 경험이나 이야기를 극 놀이로 표현한다. • 달팽이의 음악, 움직임과 춤, 미술, 극 놀이 등을 통합하여 표현한다.
	예술 감상하기	• 달팽이 관련 음악, 춤, 미술작품, 극 놀이 등을 듣거나 보고 즐긴다. • 나와 다른 사람의 예술 표현을 소중히 여긴다.
자연 탐구	탐구하는 태도 기르기	• 주변 연체동물에 대해 호기심을 가지고 알아본다. • 탐구하는 과정에서 서로 다른 생각에 관심을 가진다.
	수학적 탐구하기	• 달팽이 그림을 통해 더하고 빼는 경험을 한다. • 달팽이를 여러 방향에서 보고 차이점을 비교해 본다.
	과학적 탐구하기	• 달팽이의 특성과 성장과정을 알아본다. • 달팽이가 살기 좋은 환경과 녹색환경에 대해 알아본다.

(2) '달팽이'활동 유형별 예상안

달팽이

이야기 나누기 · 토의

- 달팽이 먹이
- 달팽이 천적
- 달팽이 몸 구조
- 달팽이 생김새
- 달팽이가 사는 곳
- 달팽이를 본 느낌
- 달팽이의 암컷과 수컷
- 달팽이의 종류
- 달팽이 이름 지어주기
- 달팽이에 대한 생각 모으기
- 달팽이의 색깔
- 전시회 및 발표회 토의
- 질문목록 만들기

동화 · 동시 · 동극

〈듣기〉
- 달팽이 동화 듣기
- 달팽이 동시 듣기

〈짓기〉
- 달팽이 동화 짓기
- 달팽이 동시 짓기
- 동극 대본 짓기
- 달팽이 삼행시

미술

〈그리기〉
- 달팽이 이전 경험 표현하기
- 달팽이 1차, 2차, 3차 표상하기
- 나만의 달팽이 그리기

〈꾸미기〉
- 달팽이 집 데칼코마니하기
- 상상 달팽이 디자인하기
- 달팽이 똥 꾸미기
- 결과물 전시하기
- 전시회 교실 꾸미기

〈만들기〉
- 자연물로 달팽이 만들기
- 점토로 달팽이 만들기
- 초대장 만들기
- 달팽이 책 만들기
- 동극 가면, 소품 만들기
- 전시회 안내표지 만들기

관찰 · 실험

- 달팽이 실물 관찰
- 여러 종류의 달팽이 이름, 모양, 색 비교
- 달팽이 먹이 관찰
- 달팽이 식사 관찰
- 달팽이 배변 관찰
- 달팽이 움직임 관찰

음률

〈노래〉
- 달팽이 동요 개사하기

〈손유희〉
- 달팽이 손유희

〈신체표현〉
- 달팽이 흉내내기
- 달팽이 움직임 몸으로 표현하기

수 · 조작

- 달팽이 퍼즐 맞추기
- 달팽이 몸 부분 수세기
- 달팽이와 먹이 1:1 대응
- 달팽이 모양 회전하기
- 달팽이 크기 비교
- 달팽이 도형으로 구성하기
- 달팽이달팽이 그래프 만들기

게임

- 달팽이 먹이 찾기
- 달팽이 술래잡기
- 달팽이 빙고 게임
- 달팽이 놀이하기
- 달팽이 그림자 놀이

현장견학 · 조사

- 비 오는 날 공원 견학
- 비 온 뒤 유치원 주변 견학
- 달팽이 먹이 가정에서 조사해오기
- 달팽이 몸 구조 조사
- 달팽이 천적 조사

3) 기본 어휘 및 중심 개념 설정

(1) 기본어휘

- 연체동물: 연하고 무른 몸의 무척추동물이며, 대개 바다나 축축한 곳에서 서식함
- 자웅동체: 수컷으로서의 기능 또는 암컷으로서의 기능이 한 개체에서 나타남
- 점액: 이동할 때 생기는 마찰을 줄이기 위해 배 부분에 점액을 분비하며, 달팽이를 보호하기도 함
- 천적: 먹이사슬에서 잡아먹히는 생물을 상대하여 잡아먹는 생물을 이르는 말
- 더듬이: 긴 더듬이는 시각이며 짧은 더듬이는 후각을 담당하는 감각기관

(2) 중심개념

- 달팽이는 논, 밭, 축축한 곳, 습한 곳에서 볼 수 있다.
- 달팽이는 자웅동체이다.
- 달팽이의 종류는 약 2만종이며 그중 식용달팽이도 있다.
- 달팽이는 소화기관이 없어 색소를 그대로 배출한다.
- 달팽이는 껍데기와 머리에는 긴 더듬이, 짧은 더듬이가 2개씩 있고, 긴 더듬이 끝에 눈이 달려 있으며 입은 짧은 더듬이 아래에 있다.
- 달팽이는 토마토, 당근, 상추, 잘게 부순 계란 껍질 등을 먹고 산다.
- 달팽이의 점액으로 달팽이 크림을 만들어 우리 피부에 좋은 영향을 준다.

4) 자원 목록 작성

구분		내용
1차적 자원	실물	• 달팽이 먹이 • 달팽이 실물 • 달팽이 관찰통 • 달팽이 모형 • 다양한 동물 모형 • 달팽이 관찰 시 필요한 것: 돋보기, 관찰통, 먹이
	사람	• 달팽이를 기르는 사람 • 연체동물 전문가
	현장 견학	• 비가 오고 난 뒤 집 근처, 고창 초원 식용 달팽이 농장
2차적 자원	책	• 달팽이는 왜 집을 지고 다닐까?(계수나무) • 아기 달팽이의 집(비룡소) • 달팽이와 나(스푼북) • 달팽이 찰리에게 새 집이 필요해!(한울림어린이) • 네가 달팽이니?(다섯수레) • 느릿느릿 달팽이 세트(블루래빗) • 달팽이가 말하기를(마루벌) • 달팽이 꾸물이(엔이키즈) • 물고기와 달팽이의 이야기(키즈엠) • 달팽이 림보의 꿈(월드베스트) • 가자, 달팽이 과학관-한눈에 살펴보는 자연과 생명 과학의 세계(보리)
	사진 및 그림자료	• 달팽이의 생김새에 관련된 그림 • 달팽이 성장과정 자료 • 여러 종류의 달팽이 사진
	인터넷 사이트	• 소복달팽이(http://www.소복달팽이.kr/) • 달팽이 키우기 (http://m.kin.naver.com/mobile/best/curation.nhn?curationId=399/달팽이 키우는 정보 제공) • 물 달팽이 (http://ecohan.nier.go.kr/data/data_view.jsp?page=5&idx=152&search=&searchstring=) 국립환경과학원
	동영상	• 연체동물_달팽이(www.kidkids.net) • 먹이 먹는 달팽이 (https://www.youtube.com/watch?v=xMZZbbCte8k)

5) 부모님들께 알리기

학부모님들의 건강과 평안이 함께하시길 기원합니다.

본원에서는 원아들을 대상으로 "달팽이"를 주제로 한 프로젝트를 진행하고자 합니다. 친구들이 이번 활동을 통해 달팽이에 대해 관심을 가지고 활동할 수 있도록 가정에서 많은 관심과 격려 부탁드립니다.

학습 예상시기		2017년 4월 OO일 ~ 5월 OO일
주제 선정 이유		달팽이는 여름 장마철에 우리 아이들이 주변에서 쉽게 볼 수 있는 동물입니다. 달팽이 프로젝트를 통하여 달팽이의 특성, 생김새, 먹이, 종류 등을 조사·탐구하고 이해한 내용을 다양한 활동으로 표현해보면서 표현 능력이 성장해가고 이를 통해 학습에 대한 흥미 유발, 책임감, 성취감, 오감발달 등을 촉진시킬 수 있습니다. 아울러 자연에 대한 소중함도 학습하게 되리라 여겨집니다.
달팽이에 대한 중심개념		① 축축한 곳, 습한 곳에 가면 흔히 접할 수 있다. ② 식용 달팽이는 요리를 해서 먹을 수 있다. ③ 달팽이는 다양한 종류들이 있다. ④ 상추에서도 발견할 수 있다. ⑤ 달팽이의 생김새와 특징을 알 수 있다.
예상되는 학습내용/활동		교사의 주제 망과 학습내용/ 활동 예상안 및 자원목록을 참고해주세요. 이 내용은 체험활동에 따라 수업 방향이 조금씩 변형될 수 있습니다. 프로젝트 진행상황에 대해서는 매주 알려드리겠습니다.
가정에서도 도와주세요	유아들과 함께 하실 일	① 유아들과 달팽이에 관련된 도서를 함께 읽어주세요. ② 다양한 달팽이의 종류를 인터넷으로 함께 찾아 봐 주세요. ③ 식용 달팽이에 대한 특징과 설명, 식용 달팽이 요리가 유명한 곳을 함께 찾아주세요.
	자원 협조	자원 목록을 보시고 있으시면 연락 주세요. 이 외에 "달팽이"와 관련된 어떠한 자원도 환영합니다. 현장견학에 관심이 있고 자원봉사자를 해 주실 수 있으신 부모님은 연락주세요.
	전문가/ 자원봉사	식용 달팽이 농장 체험을 할 수 있는 지역에 사시거나 관심 있으신 학부모님 중에 도움을 주실 수 있으시면 연락 바랍니다.
특별행사/ 공지사항	5월 OO일 전북 고창군에 있는 초원 식용 달팽이 농장으로 견학을 갑니다. (자세한 공지는 추후에 가정통신문으로 다시 보내드리겠습니다.)	

6) 환경 구성

교사는 '달팽이' 프로젝트활동을 전개하기 위해서 흥미영역별로 기본 환경을 구성함은 물론이고, 프로젝트 전개에 따라 유아들이 직접 참여할 수 있도록 교실 내 관찰장을 구성하는 등의 결과물의 종류 및 전개활동 자료가 확충되었다.

영역	활동자료	영역	활동자료
언어	동화, 동시, 토의자료, 다양한 달팽이 종류 이름 알아보기, 관련 수수께끼 카드, 달팽이 동화 막대인형, 달팽이 도감, 달팽이 먹이 도감, 달팽이 마인드맵 그리기	수·과학	달팽이 껍질 탐구(나선형), 달팽이 관찰도구, 달팽이 먹이주기(활동물 제공), 관찰일지 기록, 다양한 달팽이 종류 껍질 표본
사회·동작	달팽이 퍼즐, 달팽이 사진, 달팽이 그림, 달팽이 먹이 이어보기, 달팽이가 되어서 이야기 나눠보기, 보호자와 함께한 달팽이 키우기 소감 나눠보기	음악·미술	자연물로 달팽이 만들어 보기, 달팽이 종이접기, 모자이크작업, 고무찰흙 및 지점토 등으로 달팽이 만들기, 달팽이 머리띠, 동극 준비물, 달팽이 관련 동요 가사판

달팽이 프로젝트

시작단계

1) 이전 경험 표현 및 결과물 공유

2) 교사와 유아의 공동 주제망 구성하기

3) 질문거리 찾기

1) 이전 경험 표현 및 결과물 공유

친구들과 달팽이에 대한 경험을 이야기하며 자신의 생각을 표현하는 법을 배우고, 서로 경험을 공유하며 자연스럽게 달팽이에 대한 사고를 확장해 간다.

(1) 유아의 이전 경험

- 엄마랑 상추를 씻다가 상추에 붙어있는 달팽이를 봤어요
- 강가에 놀러갔다가 달팽이를 잡았어요
- 달팽이를 만졌는데 미끌미끌거려서 신기했어요
- 달팽이를 발견해서 만졌는데 집속으로 쏙 들어가버렸어요
- 달팽이는 흐물거리면서 매끈한 딱지하고 느낌이 비슷했어요
- 달팽이는 눈이 네 개인 줄 알았는데 엄마가 긴 것만 눈이라 하셨어요
- 달팽이는 다리가 없는데도 엄청 빨리 움직여요
- 달팽이 껍데기는 소라 껍데기와 닮았어요
- 손 위에 달팽이를 올려놨는데 이상한 물 같은 게 있었어요
- 우리집 달팽이는 빨간색 파프리카 먹고 빨간색 응가를 쌌어요
- 집에서 엄마랑 달팽이 동요를 따라 불렀어요
- 할머니랑 시골에서 달팽이 관찰을 했어요
- 가족과 달팽이 농장에 가서 여러 가지 달팽이를 관찰했어요
- 달팽이를 자세히 봤는데 눈이 외계인 같아요
- 비 오는 날 달팽이가 벽에 기어가는걸 본 적 있어요
- 가족이랑 달팽이 요리를 먹어 본 적 있어요
- 달팽이가 노란색, 초록색 똥을 싸는걸 본 적 있어요

(2) 교사의 이전 경험

- 선생님은 프랑스에 여행을 가서 달팽이 요리를 먹어본 적이 있어요

- 선생님은 피부가 탱탱해지기 위해서 달팽이 진액크림 화장품을 발라요
- 선생님은 비 오는 날 길을 걷다가 달팽이를 밟을 뻔 한 적이 있어요
- 선생님은 화장실 벽에 붙어있는 민달팽이를 본 적이 있어요
- 선생님은 달팽이 농장에서 천 마리가 넘는 달팽이를 관찰했었어요
- 선생님은 약수터 물통 안에 있는 달팽이를 보고 깜짝 놀란 적이 있어요
- 선생님은 아주아주 큰 달팽이를 본 적이 있어요
- 선생님은 달팽이가 하얗고 작은 알을 낳는 것을 본 적이 있어요
- 선생님의 상추텃밭에 갔는데 상추에 붙은 달팽이를 본 적이 있어요

(3) 이전 경험 표현결과물

▲달팽이가 똥을 싸는 걸 본 적 있어요.

▲할머니집 가서 달팽이를 봤어요.

2) 교사와 유아의 공동 주제망 구성하기

달팽이 하면 생각나는 것들을 이야기 해본 후 유목화(친구찾기)를 해본다.

(1) 생각 모으기

① 유아

비, 더듬이, 이빨, 똥의 색깔, 여름, 핑핑이, 끈적끈적, 미끌미끌, 눈알, 달팽이집, 빙글빙글, 화장품, 찐득찐득, 귀엽다, 브이자(V), 징그러워요, 작아요, 갈색, 못생겼어요, 달팽이 요리, 팽이, 지렁이, 나무늘보, 기어가요, 신기

해요, 잘 붙어있어요, 상추, 흰색, 느려요, 할아버지, 할머니, 달팽이 농장, 꿈틀꿈틀, 남자달팽이, 여자달팽이, 흐물흐물

② 교사

자웅동체, 화장품, 달팽이 진액크림, 암모나이트, 골뱅이, 비싼 음식, 프랑스, 채소, 미끌미끌, 습한 곳에 서식, 풀, 숲, 나무, 잔디, 달팽이관, 뮤신, 달팽이집, 피부재생, 버터, 거품, 점액, 수컷, 암컷, 이적, 패닉, 안테나, 연체동물, 나무늘보, 달팽이 요리, 나선형, 고단백, 성인병예방, 식용달팽이, 노화방지, 늦반딧불이 유충, 고둥, 비단길앞잡이, 나문늘보, 산골플라나리아, 조개, 우렁이, 전복

(2) 유목화하기

색깔	황금색, 갈색, 흰색, 노란색, 고동색, 빨간색
느낌	미끌미끌, 끈적끈적, 흐물흐물
종류	백와달팽이, 흑와달팽이, 금와달팽이, 명주달팽이, 민달팽이
사는 곳	비 오는 곳, 여름, 더위, 아파트, 흙, 정원, 조약돌, 장독대, 한국, 일본, 인도
구조	머리, 눈, 눈자루, 패각, 발, 더듬이, 입, 생장선, 나층/나사켜, 각정, 배발
천적	딱정벌레, 날파리, 늦반딧불이유충, 비단길앞잡이, 산골플라나리아
생김새	팽이같다, 동그랗다, 더듬이가 있다, 징그럽다, 귀엽다
비슷한 동물	지렁이, 고둥, 나무늘보, 우렁이, 전복
먹이	상추, 배추, 열무, 채소, 토마토, 애호박, 수박, 난각가루

(3) 주제망으로 그리기

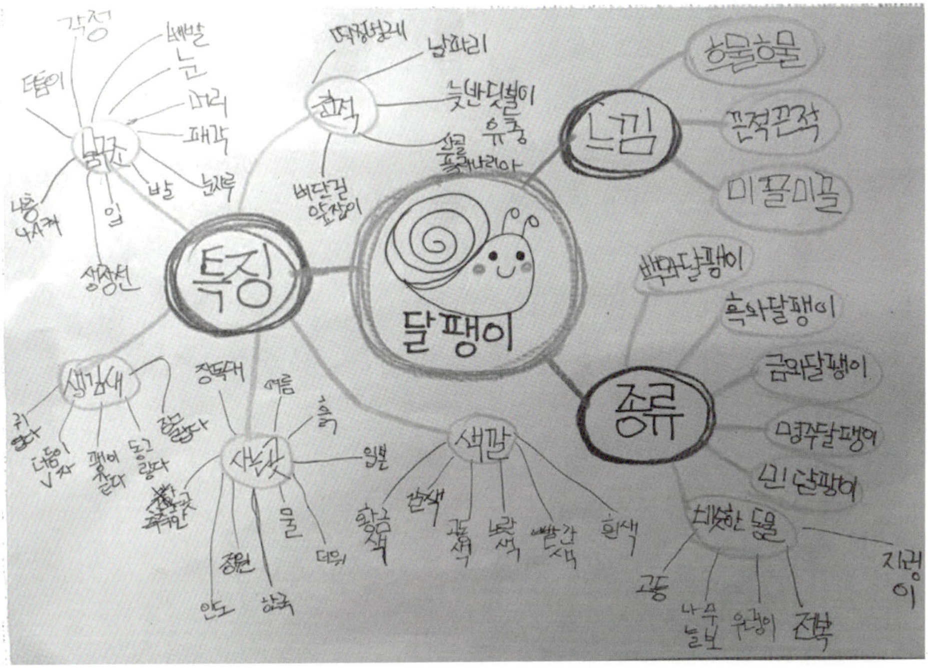

3) 질문거리 찾기

① 유아

- 달팽이는 왜 미끌미끌해요?
- 달팽이는 무엇이든 먹을 수 있어요?
- 달팽이는 곤충이에요?
- 달팽이는 왜 차가워요?
- 달팽이는 아무데서나 잘 자라요?
- 달팽이의 집은 어떻게 생겨요?
- 달팽이는 왜 몸이 길어요?
- 달팽이는 어떤 벌레를 잡아먹어요?
- 달팽이 물은 어디서 나와요?

- 달팽이랑 거미가 싸우면 누가 이겨요?
- 달팽이 똥도 먹을 수 있어요?
- 달팽이 똥은 커요? 작아요?
- 달팽이는 뼈가 하나도 없어요?
- 달팽이는 무엇을 먹고 자라요?
- 달팽이는 다 크면 얼마나 커지나요?
- 달팽이는 알을 낳아요?
- 달팽이는 어떻게 움직여요?
- 달팽이는 달팽이 집으로 언제 들어가요?
- 달팽이도 남자 여자가 있어요?
- 달팽이는 어디에서 살아요?
- 달팽이 똥은 무슨 색이에요?
- 달팽이는 눈이 어떻게 생겼어요?
- 달팽이는 알을 몇 개 낳아요?
- 달팽이 똥꼬는 어떻게 생겼어요?
- 달팽이도 다리가 있어요?
- 달팽이집에는 뭐가 들어있어요?
- 달팽이가 집이 없으면 죽어요?
- 달팽이는 누구한테 잡아 먹혀요?
- 달팽이 입은 어떻게 생겼어요?
- 달팽이도 심장이 있어요?
- 달팽이도 귀로 소리를 들어요?

달팽이 프로젝트

전개단계

1) 현장견학

2) 조사하기

3) 관찰

1) 현장견학

(1) 견학 전 준비

① 전문가에게 할 질문 생각하기

- 어떤 달팽이든지 키우기 수월한가요?
- 달팽이의 어떤 성분이 피부가 좋아지게 해주는 것인가요?
- 독성이 있는 달팽이도 있나요?
- 달팽이의 눈이 정말 눈의 역할을 잘 수행하나요?
- 달팽이의 번식력은 어느 정도인가요?
- 달팽이는 어떤 습성을 가지고 있나요?
- 달팽이를 보호하기 위해선 어떻게 해야 하나요?
- 달팽이는 주로 습한 곳에서 사는데 습하지 않은 곳에선 어떻게 사나요?
- 달팽이는 깊은 물속에서 살 수 있나요?
- 달팽이가 잘 자라는 환경은 어떤 곳인가요?
- 달팽이 진액은 피부에 어떤 효능이 있나요?
- 맛있는 달팽이 요리에는 무엇이 있을까요?
- 달팽이를 키울 때 유의해야 할 사항에는 어떤 것들이 있나요?
- 식용 달팽이와 일반 달팽이의 차이점은 무엇인가요?
- 일반 달팽이도 시식이 가능한가요?
- 달팽이의 무늬는 각자 조금씩 다른 모양을 가지고 있나요?
- 달팽이 독을 활용해 무엇을 할 수 있을까요?
- 달팽이의 장기는 어떠한 역할을 하나요?
- 달팽이 더듬이의 역할은 무엇인가요?
- 달팽이 관찰 견학을 할 수 있는 곳이 있나요?
- 달팽이에게서 유해성분이 나오나요?
- 달팽이로 달팽이크림을 만들 때 어떻게 만들어지나요?
- 달팽이는 습기 많은 곳에서 사는데 습기의 정도가 심할 경우 어떻게 되나요?

- 달팽이에게 위험한 상황이 닥쳤을 때 숨기만 하나요, 아니면 빠르게 움직일 수 있나요?
- 달팽이가 칼날에도 몸이 베이지 않고 잘 기어간다는데 기어갈 수 있는 원리는 무엇인가요?
- 달팽이 농장에서 특별히 달팽이에게 신경써야하는 부분에는 무엇이 있나요?
- 달팽이는 어떤 습성을 가지고 있나요?
- 달팽이가 잘 자라는 환경은 어느 곳인가요?
- 달팽이 진액은 피부에 어떤 효능이 있나요?
- 달팽이 요리 종류와 그것의 효능은 어떤 것이 있나요?
- 달팽이를 가정에서 키울 때 유의해야 할 사항에는 무엇이 있나요?
- 달팽이의 몸속에는 어떠한 종류의 장기가 있나요?
- 달팽이가 기어가는 속도는 항상 일정하나요?
- 달팽이의 종류에는 어떤 것들이 있나요?
- 달팽이의 이빨은 몇 개가 있나요?
- 달팽이는 얼마 정도까지 살 수 있나요?
- 달팽이에게도 재생 능력이 있나요?
- 달팽이의 수명은 얼마나 되나요?
- 달팽이의 종류별 무게는 얼마나 되나요?
- 달팽이 종류별 길이는 얼마나 되나요?
- 달팽이 알의 부화 시기나 기간은 언제인가요?
- 달팽이도 동면을 하나요?
- 달팽이 전용 흙은 일반 흙과 어떤 점이 다른가요?
- 달팽이의 번식력은 어느 정도인가요?
- 어떤 환경에서 더욱 잘 번식할 수 있나요?
- 달팽이가 유아에게 해로운 성분을 가지고 있지 않은가요?
- 유아가 달팽이에 대한 거부감을 느끼는데 쉽게 다가가게 해줄 방법은 없을까요?

- 달팽이도 종류별로 크게 다른 부분이 있을까요?
- 달팽이가 잡식성이라고 하는데 그건 채소에 국한되는 것인가요?

② 유아들이 알고 있는 달팽이 그려보기

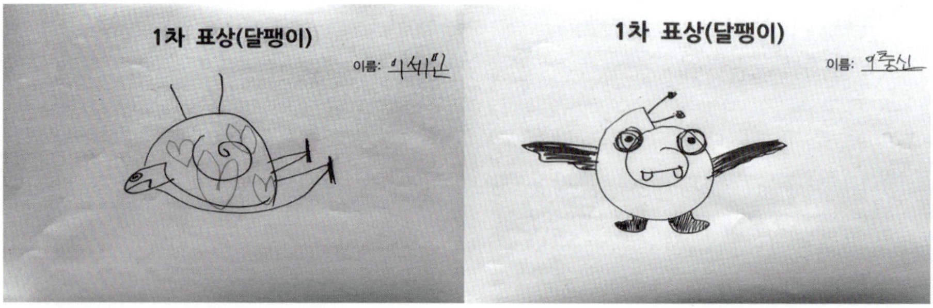

▲ 유아들이 그린 1차 표상 그림

(2) 견학 후 활동

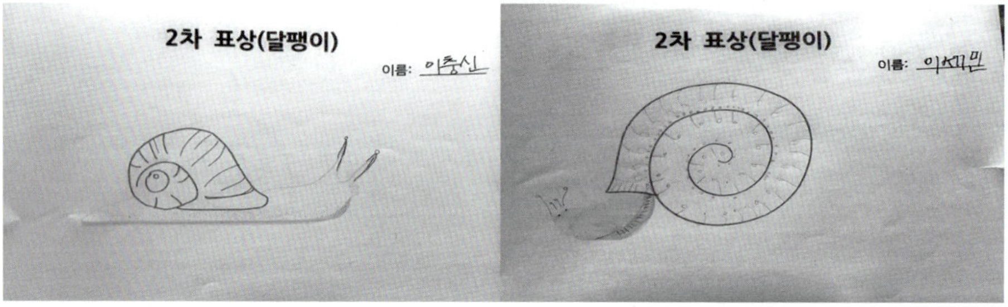

▲ 유아들이 그린 2차 표상 그림

2) 조사하기

(1) 달팽이의 생김새 찾아보기

교사: 달팽이는 어떻게 생겼는지 이야기해 볼까요?

유아: 눈이 길고요, 둥그런 집이 있어요.

유아: 등에 껍데기가 있어요.

교사: 그럼 더듬이는 몇 개 있나요?

유아: 4개요.

유아: 짧은 더듬이 2개, 긴 더듬이 2개요.

교사: 달팽이는 어떻게 생겼을까요?

유아: 몸이 긴 것도 있고 짧은 것도 있어요.

유아: 말랑말랑해요.

유아: 똥글뱅이처럼 생겼어요. 그리고 미끄러워요.

유아: 소라같이 생겼어요.

유아: 라바같이 생겼어요.

교사: 달팽이 몸에는 어떤 부분이 있는지 어떻게 알아볼까요?

유아: 책을 보면 돼요. 달팽이 그림책에 나와 있어요.

유아들이 궁금한 달팽이 몸의 생김새와 각 부분의 이름에 대해 책을 통해 자세하게 알아보았다.

▲ '달팽이' 관련 책

(2) 달팽이 몸의 이름 알기

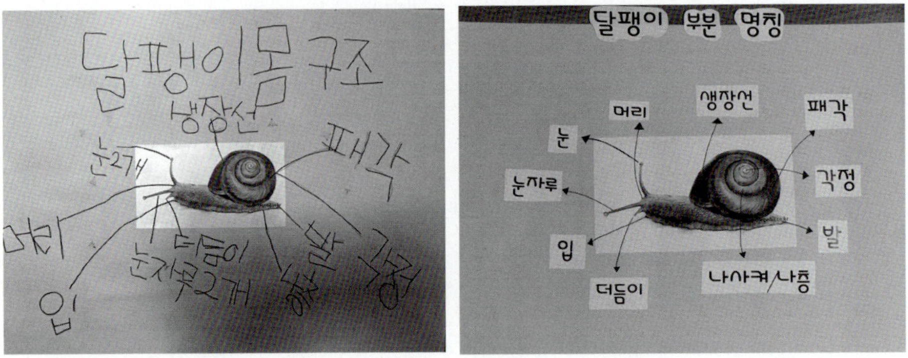

▲ '달팽이' 몸의 구조와 이름

실물과 달팽이 책을 통해 달팽이는 눈, 머리, 눈자루, 입, 더듬이, 생산선, 패각, 각정, 발, 나사켜/나층 등이 있다는 것을 알게 되었고, 소집단으로 모여 몸 부분의 이름을 써보았다.

(3) 달팽이 먹이 조사하기

달팽이의 먹이에 대해 조사해 온 내용에 대해 함께 모여 이야기를 나누었다.

교사: 모두 달팽이가 어떤 것을 먹고 사는지 알아왔나요?
유아: 상추, 배추, 토마토 같이 우리랑 똑같은걸 먹어요!
교사: 그 먹이를 어떤 모습으로 먹는지도 한번 동영상을 보며 알아보아요.

달팽이 먹이에 대해 유아들이 가정에서 조사해온 내용과 멀티미디어 자료를 시청한 후 달팽이 먹이가 되는 곤충 사진을 붙이거나 그림을 그리며 구성하였다.

▲ '달팽이' 먹이

(4) 달팽이의 종류에 대해 조사하기

달팽이의 종류에 대해 각 가정에서 부모님과 함께 알아보기로 하고, 가정에서 알아온 조사내용을 공유하면서 여러 종류의 달팽이가 있다는 것을 알게 되었다.

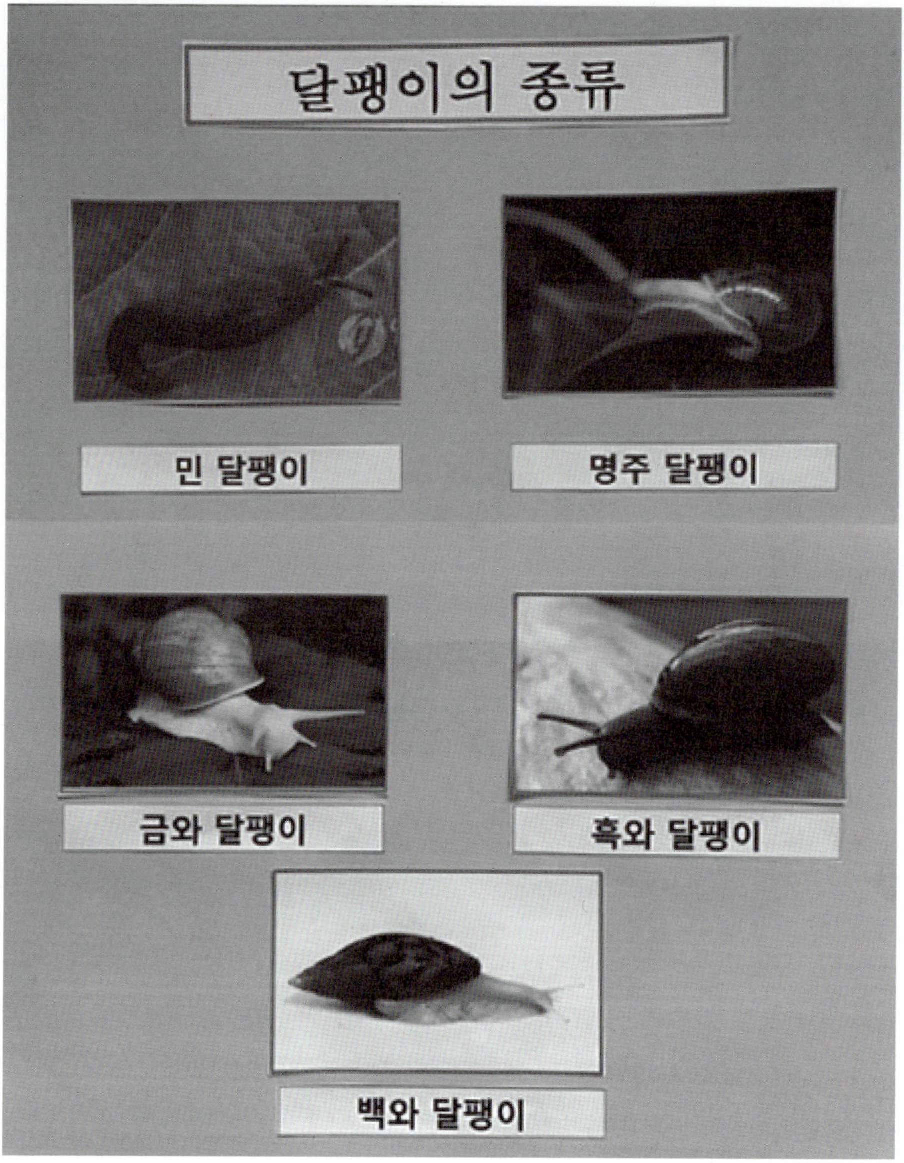

▲ '달팽이' 종류

3) 관찰

(1) 달팽이를 관찰했어요

현장견학에서 데려온 달팽이를 관찰통에 넣어 달팽이의 몸, 움직임, 색깔 등을 관찰하게 된 유아들은 실제 달팽이를 진지하게 관찰하였다. 유아들은 좀 더 자세히 보기 위해 돋보기를 가지고 와서 관찰하기도 하였다.

유아: 선생님 달팽이가 지나간 자리에 물이 생겼어요.

유아: 선생님 달팽이 눈이 나왔어요. 엄청 느리게 움직여요.

교사: 그러네. 달팽이가 엄청 느리게 움직이면서 지나가는 자리에 물이 생겼어요. 달팽이는 눈이 몇 개인가요?

유아: 눈이 2개 있어요.

교사: 맞아요. 달팽이는 위에 있는 두 개의 긴 게 눈이고, 아래 짧은 것은 더듬이라고 해요.

교사: 달팽이 몸은 어떻게 생겼나요?

유아: 미끄럽게 생겼어요.

유아: 가까이서 보니까 사람 피부처럼 생겼어요.

유아: 몸에 동그란 집을 가지고 다녀요.

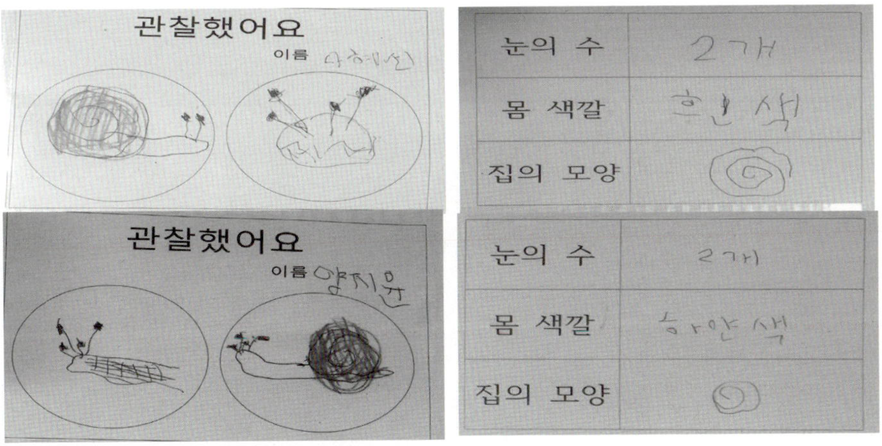

▲ '달팽이' 관찰 기록카드

(2) 달팽이를 잘 키워요

유아: 달팽이는 살살 만져야 하나요?

교사: 어떻게 만져야 하는지 보여주세요.

유아: 이렇게 손가락으로 살살 잡아서 만져야 해요.

교사: 그러면 달팽이를 잘 키우는 방법에는 무엇이 있을까요?

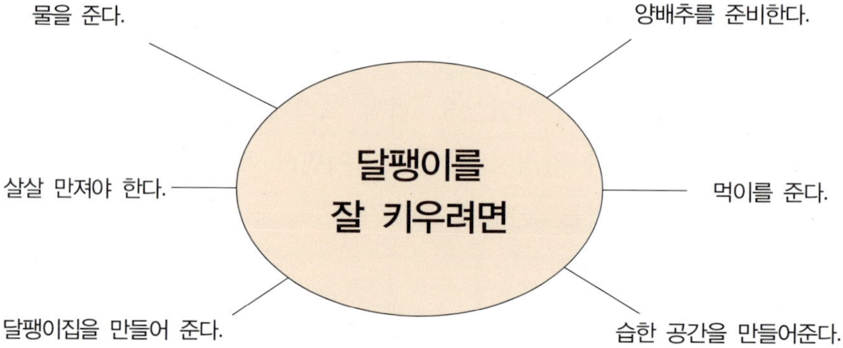

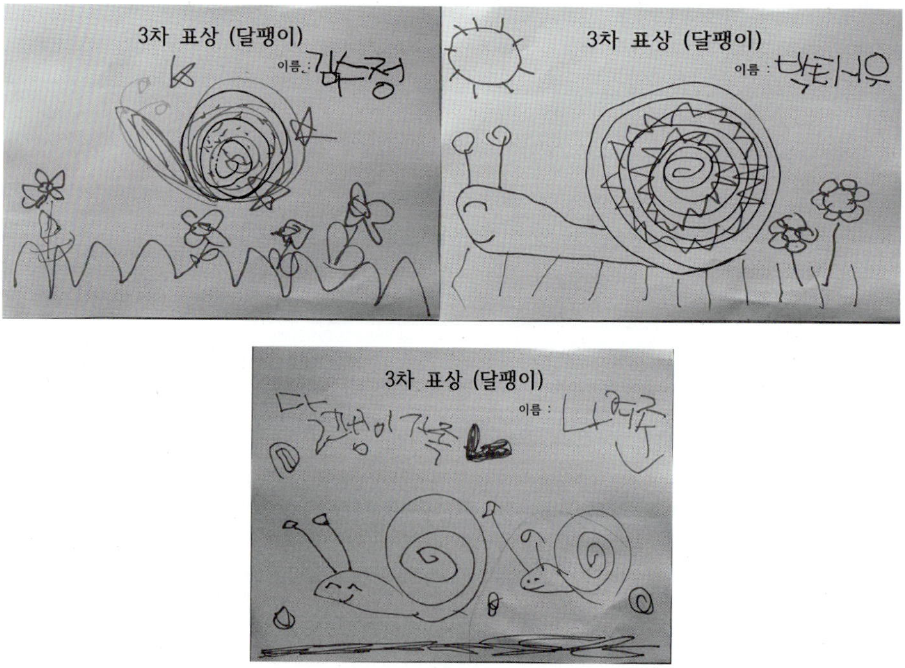

▲ 유아들이 그린 3차 표상 그림

달팽이 프로젝트

마무리

1) 초대장 만들기

2) 전시물

1) 초대장 만들기

2) 전시물

달팽이 프로젝트

활동계획안

1) 언어영역

2) 미술영역

3) 수 · 조작영역

4) 과학영역

5) 음률영역

6) 게임 · 신체 · 표현영역

활동명	달팽이와 닮았어요.	활동영역	언어
활동목표	- 유아가 직접 달팽이와 닮은 물건 등을 찾아보며 사고력과 관찰력을 증진시킨다.		
대상 연령	만 5세		
준비물	다양한 잡지, 사진 등 관찰 가능 매체		
활동방법			

♣ 도입: 유아들과 달팽이의 생김새 등에 대해서 이야기 한다.
- 우리 친구들 달팽이를 직접 본 적이 있나요?
- 달팽이는 어떻게 생겼나요?

♣ 전개: 유아들의 생각하기에 달팽이의 생김새와 닮은 요소를 직접 찾도록 지도한다.
- 달팽이가 동글동글하게 생긴 것 같아요? 그럼 책에서 동글동글한 것을 찾아볼까요?
- 아하 달팽이가 계속 안으로 들어가나요? 달팽이처럼 건드리면 안으로 들어가는 것들은 무엇이 있을까요?

♣ 마무리: 친구들과 비교하고 이야기 해보며 사고력 확장을 한다.
- 우리 세린이는 달팽이가 우렁이랑 닮았다고 생각했네요. 다른 친구들은 어떻게 생각했어요?
- 아람이가 생각한 것을 친구들한테 이야기 해볼까요?
- 가장 세린이 맘과 비슷했던 생각을 가지고 있는 친구는 누구였어요?
- 친구들이 말했던 것 중에 진짜 달팽이 같았던 것은 어떤 것이었어요?

유의사항	- 교사는 유아의 사고력 및 상상력 증진을 위하여 유아들에게 미리 달팽이와 닮은 것을 제시하지 않는다.

활동명	달팽이와 나	활동영역	이야기 나누기
활동목표	- 달팽이와 만나기 이전 경험을 나눠봄으로써 유아의 관찰력 등을 생각, 도모해본다.		
대상 연령	만 5세		
준비물	달팽이 관련 카드(키우기 위한 도구 사진 등) 등		
활동방법			

♣ 도입: 유아들에게 달팽이 관련 스무고개를 한다.
- 이 친구는 미끌미끌해요.
- 이 친구는 차가운 피부를 가지고 있어요.
- 이 친구는 깜짝 놀라면 집으로 들어가요.
- 이 친구는 누구일까요?

♣ 전개: 유아들과 이전 경험에 대해 이야기 나누며 관련카드를 제시한다.
- 달팽이를 이전에 키워본 친구가 있나요?
- 달팽이를 직접 관찰해본 친구가 있나요?
- 달팽이를 키우는 데 어떤 것들이 필요했어요?
- 상추, 오이, 당근이 달팽이와 어떤 관련이 있을까요?
- 촉촉한 흙, 선선한 날씨, 그늘진 장소는 달팽이를 어떻게 해줄까요?

♣ 마무리: 달팽이에 관련한 학습을 다시 한 번 복습한 후 마무리한다.
- 달팽이는 어떻게 생겼다고 배웠나요?
- 달팽이는 어떤 곳에서 잘 자란다고 했죠?
- 달팽이는 어떤 먹이를 먹고 자라나요?
- 친구들이 혹시 달팽이에 대해서 더 알고 싶으면 직접 찾아보기도 하고, 키워보기도 해볼까요?

유의사항	- 교사는 유아의 대답 기회가 편중되지 않게 지도한다.

활동명	사이좋은 달팽이 부부	활동영역	이야기 나누기
활동목표	- 유아가 자웅동체와 달팽이의 생식방법에 대해서 알 수 있다.		
대상 연령	만 5세		
준비물	달팽이 영상자료, 설명해설자료		
활동방법			

♣ 도입: 달팽이 영상을 틀어줌으로 달팽이가 어떻게 새끼를 가지는지 흥미 유발을 한다.
- {영상자료} 나는 오늘 열심히 짝을 찾을거야. 어? 여자 달팽이는 어디에 있지? 왜 나와 같은 친구들밖에 없는거야~ (생략)

♣ 전개:
- 달팽이는 정말 짝을 찾지 못해서 새끼를 낳을 수 없을까요?
- 달팽이는 알을 낳을까요, 새끼를 낳을까요?
- 달팽이는 남자, 여자가 나눠지지 않은 동물이랍니다.

♣ 마무리: 학습을 통해서 새로 알게 된 것을 되짚어 본다.
- 자웅동체가 어떤 말이라고 했죠?
- 달팽이는 어떻게 새끼를 가졌어요?
- 달팽이가 새끼를 가지려면 몇 마리의 달팽이가 필요할까요?

유의사항	- 교사는 아이가 어려운 단어를 습득할 수 있도록 천천히, 단계적으로 개념을 설명해준다.

활동명	네가 달팽이니?	활동영역	동화
활동목표	- 달팽이에 대해서 관심을 가질 수 있다. - 달팽이의 동화를 통해 호기심과 상상력을 기를 수 있다.		
대상 연령	만 5세		
준비물	네가 달팽이니? 동화책, 활동지, 종이, 색연필, 싸인펜		
활동방법			

♣ 달팽이의 생김새 구조부터 먹이와 천적 그리고 겨울잠에 이르기까지 달팽이가 살아가는 모습을 자세하게 보여주며 유아가 달팽이에게 관심을 가질 수 있게 하는 내용입니다.

♣ 네가 달팽이니?
- 동화책의 표지를 보여주며 이야기를 나눈다.
- 표지에 뭐가 보이나요?
- 무슨 색들이 보이나요?
- 어떤 내용이 숨어있을 것 같아요?
- 등장인물은 누가 나왔나요?
- 장소는 어디인 것 같나요?
- 등장인물은 몇 마리인가요?
- 책을 보고 기억나는 건 뭐가 있나요?

유의사항	동화를 읽고 글을 읽지 못하는 유아에게는 옆에서 도움을 주며 그림으로 표현하도록 한다.

활동명	달팽이의 동시를 지어요.	활동영역	동시
활동목표	- 달팽이의 동시를 지어봄으로써 상상력을 기를 수 있다. - 달팽이를 본 느낌을 자유롭게 그림으로 표현할 수 있다.		
대상 연령	만 5세		
준비물	활동지, 색종이, 색연필, 싸인펜, 가위, 풀		
활동방법			

♣ 달팽이에 관한 책을 읽고 달팽이에 관해 알게 된 것과 달팽이의 그림이나 생김새 등을 글로 표현한다.

♣ 활동지가 아닌 다른 종이에 유아들이 쓴 동시를 오려 활동지에 차례대로 한 줄씩 붙이며 자신이 꾸미고 싶은대로 활동지를 꾸민다.

유의사항	소근육이 발달하지 않은 유아들이 있을 수 있으므로 되도록 가위질은 시키지 않고 미리 잘라진 종이를 나눠준다.

활동명	달팽이의 삼행시를 지어 보아요.	활동영역	언어
활동목표	- 달팽이의 삼행시를 지어 봄으로써 유아 내면의 다양한 생각을 표현할 수 있다.		
대상 연령	만 5세		
준비물	활동지, 싸인펜, 색연필		
활동방법			

♣ 삼행시에 관한 이야기를 나눈 후에 활동을 진행한다.

♣ 삼행시가 어려운 유아들이 있을 수 있으므로 먼저 자신의 이름이나 하고 싶은 삼행시를 지은 후 달팽이로 넘어갈 수 있도록 한다.

♣ 활동지를 나누어 주면 각 칸에 맞게 달팽이의 삼행시를 지어 쓰는 활동이다.

♣ 삼행시를 지으면서 친구들과 소통을 하고 함께 공유하며 만들어 갈 수 있다.

유의사항	유아가 자기 생각을 이야기할 수 있도록 지도한다.

활동명	달팽이집은 어디일까?	활동영역	게임 · 신체 표현
활동목표	- 달팽이집의 생김새에 관심을 가진다. - 규칙을 지켜 즐겁게 게임에 참여한다.		
대상 연령	만 4세		
준비물	색테이프, 신호악기, 점수판, 융판(뾩뾩이에 까슬이를 붙여 준비)		
활동방법			

♣ 바닥에 색테이프로 붙인 달팽이집의 모양을 보며 이야기한다.

♣ 게임방법과 규칙을 이야기한다.
- 달팽이집 모양에서 어떻게 게임을 할 수 있을까요?
- 게임방법을 알려준다.
- 한 팀은 원의 가운데에서, 다른 한 팀은 원의 바깥에서 출발한다.
  (각 팀당 인원은 15명 내외로 하고, 게임은 각 팀에서 한 사람씩 나와 참여한다.)
- 출발 신호가 나면 달팽이집의 선을 따라 달린다.
- 서로 만나면 가위바위보를 하여 진 사람은 나가고, 이긴 사람은 끝까지 달려 달팽이집에서 나오며 '야호!' 하고 외친다.

유의사항	빠르게 달려 서로 부딪치지 않도록 주의한다.

활동명	새노래 '달팽이 집'	활동영역	음률
활동목표	- 노래를 잘 듣고 따라 부를 수 있다. - 달팽이의 움직임을 표현할 수 있다.		
대상 연령	만 2세		
준비물	'달팽이 집' 악보와 동요, 가사판 그림자료		
활동방법			

♣ 노래를 들려주어 유아의 관심을 유도한다.
- 어디선가 노래가 들리네요.
- 무슨 노래인지 들어볼까요?
- 이 노래를 들어본 적이 있나요?

♣ 달팽이 집 노래를 듣고 따라 불러본다.
- 달팽이 집을 어떻게 만들었나요?
- 노래를 듣고 따라 불러볼까요?

♣ 노래에 맞춰 움직임을 따라 해본다.
- 노래를 부르면서 달팽이 집을 만들어볼까요?
- 점점 크게는 어떻게 표현해 볼까요?
- 달팽이 집을 만들면서 손을 잡고 빙빙 돌아볼까요?

유의사항 및 확장활동	친구의 움직임을 보고 따라해 본다.

활동명	달팽이 1차 표상	활동영역	미술영역
활동목표	- 달팽이를 관찰하기 전 상상하여 그려본다.		
대상 연령	만 5세		
준비물	활동지, 색연필, 싸인펜		
활동방법			

♣ 도입: 유아들이 달팽이라는 생물에 대해 흥미를 가지도록 흥미 유발을 한다.
- 친구들, 달팽이를 직접 본 적이 있나요?
- 달팽이는 어떻게 생겼을까요?

♣ 전개: 유아가 달팽이라는 생물을 상상하여 직접 그려보도록 지도한다.
- 우와, 세린이의 달팽이는 하늘을 날아다니네요.
- 아람이의 달팽이는 어떻게 생겼어요?

♣ 마무리: 상상한 달팽이를 친구들과 비교 관찰해보고 표상에 대해 이야기 나눈다.
- 우리 다음시간에는 달팽이를 사진과 영상으로 보고 직접 그려보도록 해요.

유의사항	-교사는 온전히 유아가 직접 그림을 그려볼 수 있도록 오롯이 상상력에 맡긴다.

활동명	달팽이 2차 표상	활동영역	미술영역
활동목표	- 달팽이를 영상 매체 등으로 접한 후 표상활동을 진행한다.		
대상 연령	만 5세		
준비물	활동지, 색연필, 싸인펜		
활동방법			

♣ 도입: 유아들이 그려보았던 달팽이 그림을 보여주며 흥미를 유발한다.
- 친구들, 지난번 미술시간에 어떤 그림을 그려보았죠?
- 맞아요. 친구들이 그려본 달팽이는 다양하게 생겼었지요?

♣ 전개: 달팽이에 관련된 영상 매체 등을 보여주며 달팽이를 직접 그려보도록 지도한다.
- 친구들이 이제 달팽이를 보고 직접 그림을 그려볼까요?
- 지금 그린 달팽이와 예전에 그린 달팽이는 어떻게 다른 것 같아요?

♣ 마무리: 그린 달팽이에 대해서 이야기를 나누며 직접 달팽이를 관찰해 볼 것을 예고한다.
- 친구들이 영상으로 본 달팽이는 다양하게 생겼네요.
- 다음 시간에는 친구들이 직접 달팽이를 만져보고, 관찰해 볼거에요.

유의사항	- 교사는 온전히 유아가 직접 그림을 그려볼 수 있도록 오롯이 상상력에 맡긴다.

활동명	달팽이 3차 표상	활동영역	미술
활동목표	- 달팽이 농장 견학 후 자신의 느낌과 생각을 자유롭게 말할 수 있다. - 자신의 경험을 그림으로 표현할 수 있다.		
대상 연령	만 5세		
준비물	활동지, 색연필, 싸인펜		
활동방법			

♣ 달팽이 농장 견학 후, 자신의 느낌이나 생각에 대하여 이야기 나눈다.
- 달팽이 농장에 갔었지요?
- 달팽이를 실제로 보니까 어떤 느낌이 들었나요?

♣ 견학 전, 사전 활동에 실시했던 1, 2차 표상활동을 떠올려보고 견학 후에 자신의 경험을 바탕으로 그리는 3차 표상을 그려본다.
- 달팽이 주위에 무엇이 있었지요?
- 실제로 본 달팽이는 무슨 색깔이었나요?

유의사항	자신이 견학 후, 실제로 관찰한 것을 토대로 표상활동을 할 수 있도록 격려한다.

활동명	달팽이 똥 꾸미기	활동영역	미술
활동목표	- 달팽이 똥에 대해 알 수 있다. - 창의력을 기를 수 있다.		
대상 연령	만 5세		
준비물	색연필, 크레파스, 종이, 싸인펜		
활동방법			

♣ 달팽이 똥에 대해 이야기를 나눈다.
- 달팽이 똥을 본 적이 있나요?
- 달팽이 똥 색깔은 어땠나요?

♣ 종이와 색연필, 크레파스, 싸인펜을 나누어준다.

♣ 아이들에게 종이를 나누어주고 자신이 생각한 달팽이 똥을 꾸며 보게 한다.

♣ 자신이 상상하여 꾸민 달팽이의 똥을 전시하도록 한다.

유의사항	- 준비물을 가지고 장난을 치지 않는다.

활동명	달팽이와 먹이 1:1 대응하기	활동영역	수 · 조작
활동목표	- 달팽이의 먹이에 대해 알 수 있다. - 수에 대해 알 수 있다.		
대상 연령	만 5세		
준비물	달팽이 사진, 1:1 대응활동지, 달팽이 먹이 종류 사진		
활동방법			

♣ 달팽이 사진을 보여주며 달팽이 먹이에 대해 이야기한다.
  - 달팽이는 무엇을 먹고 자랄까요?
  - 다양한 먹이에 대해 이야기하고 달팽이 먹이 사진을 보여 주며 무엇을 먹을 수 있는지 이야기 나눈다.

♣ 유아에게 활동지를 제공하여 달팽이와 먹이 그림을 연결할 수 있도록 한다.

♣ 달팽이 1마리당 먹이 1개씩 연결할 수 있도록 한다.

♣ 먹이와 연결된 달팽이의 숫자를 세보도록 한다.

유의사항	- 블록으로 장난을 치지 않도록 주의한다.

활동명	달팽이 도형으로 구성하기	활동영역	수 · 조작
활동목표	- 달팽이의 생김새를 알 수 있다. - 다양한 도형의 특징을 알 수 있다.		
대상 연령	만 5세		
준비물	달팽이 사진, 다양한 도형 블록		
활동방법			

♣ 달팽이 사진을 보여주며 달팽이 모양에 대해 이야기한다.
- 달팽이는 어떻게 생겼어요?

♣ 달팽이를 표현하기 위해 어떠한 도형이 이용되어야 하는지 이야기한다.
- 달팽이 몸통을 표현할 도형에는 어떤 도형이 있을까요?

♣ 다양한 도형을 유아에게 제공하고 도형을 이용해 달팽이를 표현할 수 있도록 한다.

유의사항	- 블록으로 장난을 치지 않도록 주의한다.

활동명	나만의 관찰일지 만들기	활동영역	과학
활동목표	- 달팽이에 대해 관심을 가진다. - 나만의 관찰일지를 만드는 활동을 통해 달팽이의 특성을 안다. - 생물을 관찰하는 능력을 기른다.		
대상 연령	만 5세		
준비물	달팽이, A4 종이, 고리, 싸인펜, 색연필		
활동방법			

♣ 각 유아가 관찰하고자 하는 달팽이를 한 마리씩 정한다.

♣ 달팽이를 1~2주간 관찰한다.

♣ A4 종이를 접어 일지를 만든다.

♣ 관찰내용을 일지에 작성한다.

♣ 친구들과 일지를 공유한다.

▸ 일지엔 다음과 같은 내용을 기재할 수 있도록 지도한다.
날짜, 내가 지은 달팽이 이름, 달팽이 종류, 달팽이 색, 관찰내용(글 또는 그림)

유의사항	달팽이를 함부로 다루거나 장난감처럼 다루지 않도록 지도한다. 관찰일지를 적지 않은 유아는 차례를 기다릴 수 있도록 지도한다.

활동명	달팽이 식사 모습 관찰	활동영역	과학 · 미술
활동목표	- 달팽이에 대해 관심을 가진다. - 달팽이의 먹이를 주는 활동을 통해 달팽이의 특성을 안다. - 생물을 관찰하는 능력을 기른다.		
대상 연령	만 5세		
준비물	달팽이, 관찰통, 달팽이 먹이, 카메라 또는 돋보기, 싸인펜, 색연필		
활동방법			

♣ 달팽이에게 먹이를 준다.

♣ 달팽이가 먹이를 먹기 시작하면 돋보기 또는 카메라로 입을 확대하여 관찰한다.

♣ 달팽이의 식사 모습에 대해 이야기 나눈다.

♣ 달팽이 입, 이빨에 대해 이야기 나눈다.

♣ 달팽이 입, 이빨을 그림으로 그려본다.

♣ 달팽이 입, 이빨과 비슷한 것을 그림으로 그려본다.

유의사항	달팽이를 함부로 다루거나 장난감처럼 다루지 않도록 지도한다. 달팽이의 먹이를 잘 선정하여 줄 수 있도록 지도한다.

2 레지오 에밀리아 접근법

1) 프로그램 배경

레지오 에밀리아 접근법(Reggio Emilia approach)은 이탈리아 북부의 중소도시 레지오 에밀리아 로마냐 지역에 위치한 작은 마을에서 시작되었다. 레지오 에밀리아의 유아교육은 제2차 세계 대전이 끝난 직후 독일군들이 후퇴하면서 남기고 간 군용탱크와 트럭, 말 등을 팔아 부모들의 자치적인 활동인 부모협동운동(parent cooeration movement)에서 자치적으로 학교를 세워 운영하였다. 1963년 최초의 사립유치원 '로빈슨(robinson)'이 설립되어 자선과 보호적인 측면을 강조하지 않고 신교육을 하는 질적으로 우수한 기관이 되도록 노력하였다.

1968년에는 3~6세를 위한 '공립유아학교법'이 제정되었고, 1972년에는 4개월~3세 유아를 대상으로 시가 지원하는 영유아센터를 설립하기 위한 법이 제정·공포되었다. 1980년 레지오 에밀리아에서 유아교육에 관련된 주제를 깊게 이해하며 토론하기 위해 교사, 학교관계자, 교육전문가, 연구자 그리고 대학교수들로 구성된 전국유아연구단체(Geuppo Nazionale Asili Nido)가 결성되었다. 1991년 뉴스위크지에 레지오 에밀리아의 '다이애나(Diana) 유치원'이 세계 10대 우수한 기관으로 선정되어 세계적인 관심이 증대되었다. 1994년 레지오 에밀리아의 유아교육 프로그램을 지원하기 위해 '레지오 어린이(Reggio Children)'라는 조직이 결성되었다. 이 단체는 비영리적인 민간회사로 시립 영유아센터와 유아학교에서 발달시킨 이론적이며 실제적인 경험을 알리고 전파하는 데 목적이 있다.

레지오 에밀리아 접근법은 듀이의 진보주의와 피아제의 구성주의, 비고스키의 사회·문화적 이론, 가드너의 다중지능이론, 브론펜브레너의 생태학적 체계이론 등이 많은 영향을 미쳤다. 레지오 에밀리아 접근법은 개인학자의 철학적 이론에 이루어진 것이 아닌 사회적 상호작용과 현장 중심의 실천적 의미가 나타나며, 지역사회가 유아교육에 대한 공동체의식을 갖고 책임감을 구축해 나가야 한다고 하였다.

2) 아동관

레지오 에밀리아에서는 전인아동의 이미지에 따라 '행복한 유아', '유능한 유아', '사회적 의사소통 권리와 능력을 가진 유아'를 강조한다. 이는 이탈리아 문화권에서 유아를 바라는 관점이 잘 나타나 있는데, 유아는 언제나 존중받고 특별한 권리, 지역사회의 동등한 일원으로 이해받는다는 권리주체로서의 이미지를 강조하고 있다. 이는 유아들은 이 세상에 태어날 때부터 사회적이고 능동적인 인간으로 지능은 유연하고 직관적이며 호기심이 많아 유아에게 인지적 갈등을 유발시키는 학습상황을 제공하면, 자신을 탈 중심화할 수 있고 타인과의 협력의 과정을 거쳐 생산적인 능력과 해결방법을 찾을 수 있다고 보는 것이다. 이때 유아는 자신이 가지고 있는 의문을 어떻게 풀어야 하는가에 대한 적절한 방법으로 다상징적 교수방법을 적용시켜 문제해결을 한다. 또한 유아는 다상징적인 교수방법으로 다양한 언어사용으로 자신의 감정과 생각을 탐색하고 표현하도록 허용한다.

3) 교직원 구성과 역할

레지오 에밀리아 접근법에서는 교사로서 자신을 변화시키고 재구성하는 것의 중요함을 강조하여 아동이나 성인이 모두 서로 배워가는 존재라는 것이다. 레지오의 학교에서 근무하는 교직원은 교사, 아틀리에스타, 파트타임 교사, 종일제 보조자, 파트타임 보조자, 요리사 등이 있으며, 몇 개의 학교를 맡아 지원하는 페다고지스타가 있다.

① 교육조정자(페다고지스타)

페다고지스타는 4년제 대학에서 교육학이나 심리학 학위를 가진 사람으로 긴 훈련과정을 거쳐 4~5년제 학교나 센터를 맡아 지원하고 일한다. 페다고지스타의 주요 업무는 일주일에 1번씩 센터의 담당 교직원과 모여 유치원과 영유아센터 전반에 관련된 정책이나 문제에 대해 토론하는 것이다. 페다고지스타는 전문가로서 현직교사를 지원하고 새로운 주제나 경험을 생각해 내는 과정을 훈련하는 담당자로서의 역할을 한다. 페다고지스타는 교사가 유아를 관찰하고 유아의 말을 듣는 기술, 프로젝트를 기록하는 기술, 자신의 연구를 진행하는 기술을 향상시키도록 돕고 프로젝트 진행에 대해 깊이 있는 조언을 해주고, 각 가정과 교사가 상호작용을 맺는 데 지원하는 역할을 한다. 지역사회 인사, 부모, 시민 등 모든 성인을 대상으로 워크숍이나 공개토론회, 공청회 개최자로서 레지오를 외부에 알리고 외부와 상호 교환하고, 각 유아와 가족의 욕구 분석, 시 전체를 위한 유아교육 기본 방침을 세우기 위한 기능을 담당한다.

② 미술전담교사(아틀리에스타)

아틀리에스타는 시각예술을 전공한 사람으로 매일 출근하여 대규모 프로젝트나 소규모 개인적인 활동에 관심을 가지고 교사들의 명백히 보이지 않는 주제나 시각적 가능성을 도와준다. 때로는 특정자료를 사용할 것을 권하기도 하며 유아의 프로젝트에 직접 참여하여 유아의 질문이나 프로젝트 방향을 의논하기도 한다. 아틀리에스타는 유아들의 학습과 창의적인 활동을 지원하며 기록 및 전시작업과 분석자의 역할을 한다.

③ 교사

레지오 교사는 보통 고등학교를 졸업하여 현직훈련을 중요시한다. 한 반에 교사 2명이 한 팀이 되어 3년간 담당한다. 교사는 유아들의 상징적인 표상과 탐색을 지원하는 미술교사인 아틀리에스타와 협력한다. 교사는 유아들과 상호 신뢰와 협동 관계를 이루고 다른 교사나 가족들 또는 전문가들과 토론을 통해 아이디어를 확장시키는 현직교육에 참여한다. 레지오 에밀리아 접근법에서는 다음과 같은 교사관을 제시하였다(서영숙·서지영, 2002).

첫째, 안정감을 주는 친근한 교사이다. 교사는 가정이 주는 유익과 특징을 살리면서 전문가로서의 역할, 전문지식과 기술을 모든 유아에게 공평하게 적용하는 원리를 지키는 교사이다.

둘째, 동기를 유발하는 교사이다. 교사는 유아에게 학습의 흥미를 자극하는 환경을 지원하고, 아동이 갖고 있는 학습 능력을 바탕으로 격려하는 사람으로 이때 유아가 강하게 동기화 될수록 풍부한 경험을 하게 된다. 교사는 질문하고, 제안하고, 같이 탐구하고, 자극적인 상황을 만들어 아동의 호기심을 불러 일으키는 생각을 격려한다.

셋째, 함께 감탄하고 탐구·표현하는 교사이다. 교사와 유아가 함께 활동에 참여하는 과정에서 유아와 대화, 공동 활동, 지식의 공동 건설을 자극하고 촉진을 통해 발견의 기회를 제공받는다.

넷째, 지식을 빌려주는 자원 교사이다. 레지오의 교사들은 유아의 이전 경험이나 생각과는 다른 경험, 풀어야 할 문제 등을 유아에게 제공하는 역할을 한다. 이때 교사는 유아에게 단지 질문에 대한 대답을 하는 것이 아닌 스스로 해답을 찾을 수 있는 기회를 지원하고, 유아 스스로 좋은 질문을 생각해 낼 수 있도록 지원한다.

다섯째, 반응적 경청을 하고, 기다리고, 적절하게 개입하는 교사이다. 레지오 교사는 유아들을 주의 깊게 관찰하고 그들의 대화를 경청하여 어떻게 활동을 계획하고 진행해야 하는 근거 자료를 활용한다. 즉, 교사는 아동의 생각, 가설, 이를 발견하고 기록하고 토의한 다음 융통성 있는 계획과 준비를 한다.

여섯째, 아동의 활동을 기록하고 전시하는 교사이다. 레지오 교사는 학습을 나선형과정으로 보고 아동이 경험한 내용을 발견하여 아동의 활동과 연결시켜 지도하여, 기록과 전시를 통해 유아들에게 교실 밖의 사람들에게 전달하는 역할도 한다. 이는 그들 학습과정의 파트너로 인식한다.

일곱째, 연구하고 발전하는 교사이다. 교직원의 발전은 직접적으로 유아들의 상호작용의 질을 변화시키고, 강화시킨다.

여덟째, 동료 교직원과 협동하는 교사이다. 레지오 에밀리아 학교에서는 원장이 없으며 주교사와 보조교사의 차이가 없어 교사 간의 공동 작업을 통해 기관이 운영된다. 교사와 아동, 기관 전체 교직원, 부모나 지역사회의 협력으로 교육과정 계획 단계에서부터 문제나 위험부담에 대해 충분히 의견을 나누며, 실수도 해결하며, 상호 협력하여 노력한 결과를 공유한다. 이러한 과정을 통해 유아들은 교사와 어떻게 협동하여 작업하고, 토론하고, 문제를 해결하는지, 연구하는지를 보며 배우는 기회가 된다.

아홉째, 정치적 활동에 참여하는 교사이다. 레지오의 교사들은 학교운영자문위원회나 학교조정위원회에 참석하여 교육프로그램, 재정, 정책 등에 대한 발언과 지역사회의 모임이나 행사 참여로 인해 아동의 권리를 옹호·발전시킬 수 있는 기회를 갖는다.

레지오 에밀리아 교사는 1주일에 36시간 근무하고, 그중 30시간은 유아들과 지내는 시간이며, 나머지 6시간은 교육계획, 기록, 전시작업, 부모면담, 가족과의 모임, 다른 교사와의 협의, 지역사회 관리, 전문적 발전을 위한 활동 업무를 한다.

표 6-5 레지오 에밀리아 학교 구성원의 역할

구분	페다고지스타	아틀리에스타	교사
역할	• 교육 조정자 • 유아교육체제와 관련된 정책, 문제점 논의 • 교사의 전문성발달 조력 • 현직교원 훈련 담당	• 기록 및 전시 작업 분석 • 시각교육 제공 • 프로젝트 방향 의논 • 유아들의 학습과 창의적인 활동을 지원	• 학습과정의 파트너 • 지식의 공동 구성자 • 학교 및 학급 환경구성

4) 교육과정의 운영

(1) 발현적 교육과정

레지오 에밀리아 접근법에서는 계획된 교육과정이 아니라 발현적 교육과정을 전개하고 있다. 발현적 교육과정이란 교사가 장·단기적으로 유아들이 학습할 일련의 내용과 개념을 미리 정해 놓고 순서에 따라 전통적인 학습을 하는 것이 아니라 유아의 이전 경험을 바탕으로 일반적인 교육목표를 융통성 있게 세워 두고, 유아가 표현하는 흥미와 욕구를 교육적 가치로 두고 활동을 진행하면서 유아의 학습 진전 상태를 지속적으로 관찰한다. 교사는 유아 관찰을 진행하면서 동료교사와의 토의, 유아들과의 주제에 대한 협상과 조정을 통해 교육과정이 융통적으로 정한다. 즉, 미리 정해진 주제나 활동에 따라 운영되는 것이 아니라, 유아와 교사가 함께 구축해 나가는 지식을 실제 상황에서 상호 협상과정에서 주제가 도출된다. 발현적 교육과정은 유아와 교사가 조사하고 싶은 문제나 질문에 자연스럽게 직면하면서 학습의 과정이 나타나며, 이때 유아에게는 많은 자율성이 주어지며, 교사들은 활동을 통해 갈등과 협상이 발생하도록 촉진하여 지식의 사회적 구축이 이루어지게 한다.

(2) 표상

표상이란 유아들이 현재 존재하지 않은 자극이나 사물을 원래의 자극과 사물에 가장 유사하게 시간에 관계없이 재현하는 것을 말하는데 자신들의 생각과 느낌을 외부로 드러내는 표현행위이다(김희진 · 오문자, 1997). 1치적 표상은 언어적 표상, 2차적 표상은 그리기 표상으로 유아의 생각, 가설, 조사한 내용을 그린 것을 통해 유아의 이해정도를 파악할 수 있다. 3차적 표상은 만들기를 통해 유아의 사고를 이론적으로 검증해 본다. 레지오 에밀리아 접근법의 교육에서 표상이란 '다시(re-) 제시한다(present)'는 의미로 볼 수 있다. 프로젝트가 수행되기 시작하면 유아들은 한 가지 상황이나 개념을 1차적 표상 언어로 토의하고, 그 토의 내용을 2차적 표상 그림으로 그리고 탐색한다. 이후 탐색한 내용을 바탕으로 다시 그리고 대상물을 복사하여 3차적 표상 가상의 모형을 만든다. 이와 같은 과정을 통해 상징화 주기를 따라 자신의 초기 가설과 아이디어를 표상한다. 이렇게 거듭 표상과정을 거치는데, 레지오 에밀리아 접근법은 이 과정을 나선형적 상징화 주기라 한다(김은희, 1996). 이러한 상징화 주기는 형식화된 순서가 정해진 것이 아니라 프로젝트 대상이나 주제 성격이나 내용에 따라 전개되는 방향이 다르게 나타날 수 있다. 유아는 상징화 주기를 거치면서 유아 스스로 오류를 발견해 내고 사고를 깊게 탐색하고 조사하기 위한 수단으로 사용하고 유아들이 생각을 표현해 보고 가상해 볼 수 있는 중요한 활동이 된다.

(3) 기록작업

레지오 에밀리아 접근법 기록은 교수전략에 대한 동기화와 적용을 위한 기초 자료를 제공하며, 교사가 개별 아동의 진보를 확실히 인식하여 새로운 전략을 짜는 아이디어의 근원이 되고, 수집된 기록 정보를 보고 교사는 효과적인 의사결정을 하도록 돕는다(김은경, 2004). 좋은 기록화는 완성까지 여러 단계 과정을 통해 교사와 유아의 개인적 평가, 교육과정 계획, 교육적 평가, 발전하는 과정을 보이는 사진들, 행동에 대한 설명 등 일련의 활동 결과뿐만 아니라 그 과정의 다양한 기록을 수집한다. 레지오 에밀리아 접근법에서 기록의 교육적 효과는 다음과 같다.

첫째, 유아에게는 스스로 학습을 구성하고자 하는 의미를 줄 뿐 아니라 자신의 가설과 아이디어에 대해 깊이 있는 사고를 경험할 수 있다. 이때 기록을 통해 유아들에게 일어나는 사건들이 재발견되어 발현적 탐색의 출발점이 될 수 있다.

둘째, 교사에게는 유아의 사고를 이해하고 프로젝트의 방향을 설정·확장해 나가 유아들의 발달 흥미 혹은 프로젝트 참여도에 대한 변화를 예측 가능하게 하는 연구자료로 제공되어 교사로서 전문성을 높여준다.

셋째, 부모에게는 유아와 교사의 의사소통에 있어 효과적인 방법을 제시하여, 학교에 관심을 갖고 참여하게 하는 수단이 된다.

넷째, 지역사회의 주민, 방문객, 외부의 교육자, 학자 등에게 레지오 에밀리아 접근법을 알리고 피드백을 받을 수 있는 의견 교환 수단이 된다.

(4) 사회적 상호작용

레지오 에밀리아 접근법에서 사회적 상호작용은 성인과 아동과의 협력,

교사 간의 협력, 페스타고지스타 간의 협력, 학교와 부모 간의 협력, 학교 자문위원회 위원들과 부모들 간의 협력 그리고 프로젝트 활동을 통한 아동, 교사, 매체, 환경 간의 다양한 협력 등을 나타낸다(박인기, 2008). 레지오 에밀리아는 유아를 의사소통의 개체로 본다. 사회적 상호작용은 그 과정에 참여한 사람들이 자신의 생각을 분명히 하고 정교한 의사소통을 하는 것을 의미한다. 이 사회적 상호작용 과정은 언어적 의사소통을 통해 서로 의견의 일치와 불일치를 경험하면서 협상해 가는 과정으로 서로 의견을 균형있게 탐색하여 해결한다. 이러한 사회적 상호작용 과정은 유아들에게 개인과 또래 집단의 자율성을 증진시켜 자신감과 소속감을 갖게 한다. 이때 교사의 역할은 유아에 대한 지속적인 관심과 민감한 관찰이 필요하며, 상호작용이 문제 해결에 머무는 것이 아니라 문제 해결 결과를 공유하여 문제 인식과 과정, 결과 모두를 함께 공유하는 것이 필요하다.

5) 환경의 중요성

레지오 환경은 그 안에서 살아가는 사람들의 아이디어, 윤리, 태도와 문화를 반영하고, 전반적으로 정교하게 정돈되어 유아들에게 의미 있는 구성으로 제3의 교사라고 간주하여 유아의 호기심을 이끈다. 레지오 학교는 기본적 심미적 요소인 선, 형, 색채, 빛, 움직임, 냄새 등을 강하게 내포하고 있다. 레지오 학교는 물리적 환경 특징으로 순환성과 투명성으로 내포하고 있다(이기숙, 2013). 순환성은 모든 공간이 자연적으로 연결되어 있어 막힘없이 통한다는 의미로 유아-유아, 유아-교사, 유아-환경 간의 상호작용을 최대한 장려하고, 건물 어느곳에서나 직접 연결되어 있어 문을 통해 모두 연결되어 있어 역동적인 움직임과 동선을 만들어 리듬있는 공간이다. 이 공간은 중앙 공용 공간이 피아자가 자리 잡고 있다.

투명성은 같은 공간에 있지 않아도 서로의 존재를 느낄 수 있는 가능으로 의미한다. 모든 문과 창에 유리 및 거울을 사용하여 볼 수 있도록 하며 원색이 아닌 자연색과 모든 종류의 빛, 빛을 활용한 기구(슬라이드 프로젝트,

라이트 테이블, 손전등, 투시물 환등기)를 활용하고 있다.

(1) 피아자

피아자(Piazza)는 이탈리아 시의 중앙에 위치하고 있는 커다란 광장이라는 말에서 유래하였으며, 유아를 둘러싼 제3의 교사로서의 기능을 한다. 이 장소는 학교 전체 유아들이 공동으로 사용하는 공간으로 다른 반 유아들과 만남의 장소로서 그곳에서 어울리고 즐기는 곳이다. 학교 내부 공간은 이 공용 공간으로 개방되어 있다. 유아들과 성인이 하루 활동을 할 때 반드시 피아자를 한 번씩 지나가면서 상호작용이 이루어지는 장소이다.

(2) 아틀리에

레지오 에밀리아 유치원 아틀리에에는 말린 꽃, 화분, 나뭇잎, 가지, 자연물, 점토, 구리철사, 구리판, 색 구슬 등이 정리되어 있어 유아들의 표상을 유도하는 장소이기도 한다. 아틀리에에는 유아들이 다양하고 창의적인 표상활동을 위해서 칠하기, 그리기, 진흙으로 만들기 같은 모든 종류의 상징적 언어기술을 완성해 가는 장소이다. 즉, 종이, 도구, 단추, 돌멩이, 조개 껍데기, 구슬, 말린꽃, 자연물이나 폐품 등이 있다. 또 아틀리에에는 교사들에게 유아들이 어떻게 배우는지를 이해하는 데 도움을 주는 곳으로 연구를 위한 장소가 되고, 부모와의 학교의 커뮤니케이션을 도와주는 공간이기도 한다. 각 교실에는 아틀리에가 있어 유아의 인지가 어느 정도 발달하고 변화하고 있는지 기록 작업을 하며, 소집단 프로젝트 상호작용을 도와주기도 한다.

6) 레지오 에밀리아와 프로젝트의 비교

레지오 에밀리아는 프로젝트 접근법을 활용한다. 레지오 에밀리아는 나선형적인 교육과정을 운영하고 프로젝트는 시작-전개-마무리의 직선 과정을 거친다. 레지오 에밀리아의 가장 큰 특징은 발현적 교육과정으로, 사전에는 교육과정에 계획이 없다는 것을 의미한다. 그러나 프로젝트 접근법은 개별 유아의 흥미에 따라 활동이 변화되지만 교사의 체계적인 준비과정이 수반된다. 레지오 에밀리아 접근법과 프로젝트 접근법 내용을 비교하면 다음과 같다.

표 6-6 레지오 에밀리아 접근법과 프로젝트 접근법

구분	레지오 에밀리아 접근법	프로젝트 접근법
전개과정	• 상징화 주기를 통한 나선형적 반복 • 재방문, 반성의 순환과정	• 프로젝트의 시작, 전개, 마무리의 직선적 과정
교육과정	• 발현적 교육과정 • 계획된 교육과정이 없이 장·단기 프로젝트 수행	• 주제망 구성, 환경 구성, 자원목록표 구성의 체계적 준비작업이 이루어짐
사회적 상호작용	• 지역사회 중심의 운영과 교육지원 체제로서 사회, 부모와 연대	• 지역사회와 학부모의 부분적인 참여 (견학, 전문가 초청, 결과 공유)
공통점	• 교육철학과 이론 면에서 그 뿌리가 유사함 • 유아 중심의 교육 • 교사의 역할 강조 • 프로젝트 중심의 학습활동으로 하나의 주제에 대한 심도 깊은 연구를 수행 • 전인교육 지향	

출처: 방인옥 외 5인(2009). 유아교육과정. 경기: 정민사.

3 발도르프 프로그램

1) 프로그램 배경

발도르프 프로그램(Waldorf Program)은 인지학을 기초로 루돌프 슈타이너(Rudolf Steiner)가 발도르프 학교를 설립하면서 시작되었다. 1919년 발도르프 학교는 독일 슈투트가르트의 발도르프 아스토리아 담배공장의 소유주였던 에밀 몰트(Emil Molt)라는 인물의 뒷받침으로 자신의 노동자 자녀를 위해 슈타이너에게 맡아달라고 하면서 이루어졌다. 이 발도르프 학교는 '자유 발도르프(Freie Waldolf Snhule)'라는 이름으로 시작하였으며, 공정성의 원리를 적용하여 사회적 계층 신분, 경제적, 재능, 법적 제도로부터 자유를 강조하였다.

발도르프 학교는 처음에는 독일에서 주목받지 못했지만, 1923년 네덜란드(헤이그)를 시작으로 1934년 영국(일케스턴)에 이르기까지 약간의 차이가 있지만 성공적이었다. 그러나 발도르프 학교의 출발점이 독일인 것으로 간주되어 세계 2차 대전 동안 불신을 받거나 거부되었다. 그 후 1950년 이후에 유럽을 넘어 전파되어 남미, 남아프리카, 호주, 뉴질랜드, 미국, 캐나다로 보급되었으며, 1970년부터는 점차 사회공공의 인식으로 등장하여 일반 공교육 제도 모델로 흡수되었다.

2) 슈타이너의 인지학적 인간관

슈타이너 교육사상은 독특한 인간관을 기초로 인간의 본래 정신세계와 깊게 세계 인식을 토대로 육체, 영혼, 정신이라는 '삼원적 구조'로 설명하고 있다. 슈타이너는 인간의 본질 구성도 '살아있는 눈에 보이지 않는 또 다른 신체를 갖고 있다'는 인간관으로 4가지 구성체를 설명한다. 4가지 구성체는 물질체(physical), 에테르체(etheric), 아스트랄체(astral), 자아체(self)이다. 슈타이너는 인간은 발달단계에서 의지, 감정, 사고 3단계를 거쳐 '자유로운 인간'이 된다고 보았다.

첫 번째 구성체는 '물질 육체'로 정신을 뺀 나머지 육체를 말한다. 우리가 말하는 눈에 보이는 몸을 말하는 것으로 생명이 없는 광물계로서 인간의 물질체는 광물계의 성질을 공유하고 있어 인간이 죽으면 광물과 같은 상태가 된다.

두 번째 구성체는 '생명체(에테르체)'로 부르며 식물에도 존재한다. 중력의 법칙에 저항하여 밑에서 위로 뻗어 올라가는 힘으로, 식물의 싹이 나오려는 힘과 같은 특성이며 생명을 유지하고 성장하고자 하는 욕구를 말한다.

세 번째 구성체는 '영혼육체(에스트랄체)'이다. 욕망과 감정을 드러내 주는 역할로 고통, 쾌락, 충동, 열망, 열정 등의 감정과 감각 전달자이며 동물계에만 존재하는 감각작용으로 동물계의 특성이다. 그러나 동물과 인간 영혼의 차이는 인간은 몸에만 구속되어 있지 않고 자유롭게 상상하고, 사고하여 예술을 즐기며 타인을 공감하는 경험을 한다는 것이다. 인간은 14세가 되면 어느 정도 온전하게 되어 가며, 아스트랄체활동은 외부로부터 받아들인 자극을 느끼고, 사고하며, 나중에 행동하는 것이다.

네 번째 구성체는 '자아체'이다. 지구상에 인간에게만 존재하는 인자의 자아, 즉 '나'에 대한 의식이다. 자신의 행동을 통제하게 해주는 것으로 인간이 소유한 상위 차원의 고유성이다. 자아로 물질육체, 에테르체, 아스트랄체를 통제하고 지시하여 높은 수준의 인간이 될 수 있도록 한다.

표 6-7 네 가지 인간 본질 구성체

탄생	가시여부	보호막	시기(특징)	발달
물리적 신체	○	모대	출생 시	
생명체	×	물리적 신체	7세경(젖니 갈기)	의지
영혼육체	×	생명체	14세경(사춘기)	감정
자아체	×	감정체	21세경	사고

출처: 곽노의(1999). 21세기 유아교육 모델로서 자유발도르프 유아교육. 서울: 밝은누리.

3) 3단계 발달론

슈타이너의 발달이론은 7년 주기로 영유아에서 청년기까지 특징이 분명하게 구별되어지는 인간의 발달이 이루어간다고 하였다. 슈타이너가 제시한 영유아기(0세~7세), 아동기(7세~14세), 청년기(14세~21세)로 나누어 설명하면 다음과 같다(곽노의, 1999; 김정임, 2006; 정민숙, 2011; 최은미, 2011; 하정연 외, 2019).

(1) 1단계(영유아기: 0세~7세)

태어나서부터 최초로 이갈이를 할 때까지의 시기(0세~7세)로, 이때 영유아들은 신체, 정신, 영혼이 분리되지 않은 채 밀접하게 결합되어 있다. 슈타이너는 영유아의 신체를 '하나의 거대한 감각기관'으로 본다. 1단계 영유아들은 오감각을 통해 관찰한다. 물리적 육체가 완성되는 증거를 '이갈이'라고 보는데, 그 이유는 신체기관 중에서 가장 딱딱한 치아인 영구치를 나게 하는 힘과 인지적으로 사고하고 생각할 수 있는 힘이 관계있다고 보았다. 따라서 영구치가 나올 때까지 육체형성에 적절한 물리적 환경을 조성해주어야 한다.

(2) 2단계(아동기: 7세~14세)

초등학교 시기로 숨어있던 생명체가 바깥으로 나오는 시기로서 신체, 영혼, 정신이 분리될 준비를 하며 세 요소가 각각 분리되지 않고 신체와 영혼, 영혼과 정신이 부분적으로 분리되기 시작한다. 발도르프 학교가 아동이 읽기, 쓰기, 나누기, 셈하기를 배울 때 형태나 그림 그리기를 중요하게 생각하는 이유는 이 시기의 발달이 상상하는 능력을 통해 세계를 인식하고 표상하기 때문이라고 하였다. 이 시기의 교육은 머리가 아닌 가슴과 관련된 교육으로 감정과 관련된 교육을 해야 한다.

(3) 3단계(청소년기: 14세~21세)

사춘기 이후 21세까지의 시기로 자아가 형성되기까지의 시기를 말하며, 감성체가 작용하여 추상적으로 사고할 수 있는 능력이 발달한다. 이 시기의 교육은 자신의 자유를 발달시키고 교사를 하나의 인간으로 지각하므로 이 시기는 자유의 능력을 길러 주는 교육을 해야 한다.

4) 기질론

슈타이너는 인간의 교육은 인간에 대한 유전적 요소와 개인적 특성을 반영한 깊은 이해에서 시작한다고 보았다. 영유아는 저마다 기질이 있고 교사는 영유아의 가지고 있는 기질과 개성을 존중해야 한다고 보고 있다. 슈타이너는 인간의 기질을 네 가지로 구분하여 소개하고 있다(곽노의, 1999; 김혜경, 2009; 하정연 외, 2019).

① 다혈질: 성격이 급하고 충동적이며 감정적인 유형이다. 인내심이 부족하지만 활발하고 환경에 적응을 잘 하는 편이다. 대부분의 유아들에게서 볼 수 있다.

② 담즙질: 열정적이며, 에너지가 넘치고 행동이 주도적이다. 주로 실용적인 면에 관심을 보이고 개인적인 능력이 높은 편이다. 입장이 대립

하면 양보할 줄 모르기 때문에 담즙질 유아에게 필요한 것은 자아통제이다.

③ 우울질: 정서적으로 매우 민감하고, 행동에 신중을 기하는 유형이다. 감정의 기복이 심해서 기분이 자주 변한다. 사소한 일에도 예민하고 신경을 쓰며 친구를 쉽게 사귀지 않는다.

④ 점액질: 원칙을 중요시하며 기분의 변동이 적은 유형이다. 마음의 평정을 유지하지만 대체로 화를 내지 않지만 다른 사람들에게 무관심하다.

5) 발도르프 유아교육 원리

(1) 모방과 본보기

발도르프 유아교육은 가르치는 교육이 아니라 교사의 행위 자체가 교육 모델이 되므로 교사의 자기교육의 정도에 달려있다고 한다. 유아와의 관계 형성 행위는 도덕적인 행위, 일상적인 행위, 작업, 언어적 행동이 있다. 창의적인 연구 자세를 가진 교사는 유아들에게 모범이 되고, 교사의 행위에 자극이 되어 유아들이 이를 모방하여 창의적이고 환타지로 가득 찬 자유 놀이 분위기를 형성할 수 있다.

(2) 리듬

발도르프교육은 유아들의 시간적인 체험을 교육적 행위에 중요한 요소로 간주한다. 이는 하루, 한주, 한 달, 계절, 일 년의 리듬을 통해 인간의 삶이 생동감이 있는 생명체로 불린다. 이 생명체는 물리적 육체는 연간 리듬, 생명체는 한 달, 감성체는 한 주, 자아는 하루 리듬과 관련이 있고 리듬적인 생활은 인간의 존재에 교육적이고 치료적이다. 발도르프 유아교사는 자신의 내적 리듬을 찾는다. 교사가 먼저 하루, 주, 달, 1년의 흐름이 자신의 자아, 영혼, 생리적 현상, 습관 그리고 신체에 영향을 미치는지, 자신이 그 안에서 어떻게 살아가고 있는지에 진지하게 느껴볼 때 유아들과의 리듬 생활에서도 생동감이 넘치게 된다(윤선영, 2002).

(3) 감각

슈타이너는 인간에게 12가지 감각으로 인간 자신의 내면세계를 구축하고 세계와의 관계를 통해 사물 자체, 타인의 존재의 길을 열어주었다. 슈타이너는 12감각 중에서 영유아는 의지감각의 범주(촉각, 생명감각, 운동감각, 균형감각)이 발달해야 한다고 보고 있다. 발도르프교육은 유아교육기관에서 기계를 사용하지 않고 놀잇감 또한 플라스틱이 아닌 자연물을 제공하고, 산책, 라이겐, 모둠 놀이 등 영유아의 신체감각을 활발하게 하는 감각 운동을 중요시하였다(김빛나, 2019).

(4) 상상력

발도르프교육에서는 상상력을 중요시하고 있다. 유아기의 상상력을 기르기 위해서 발도르프교육은 비구조화되고 구체적인 형태가 없는 놀잇감과 자연물을 제공한다. 눈, 코, 입이 없는 인형, 천, 통나무, 건축사다리, 열매 및 솔방울, 나무 등의 자연물을 비치하고 있다. 대체적으로 일상생활에서 볼 수 있는 단순한 각종 천으로 만든 모형 놀잇감, 털실로 만든 달팽이끈, 지끈 가방 등을 제공한다. 이런 놀잇감을 통해 유아들은 원하는 대로 목적을 변경하여 자유자재로 놀이를 할 수 있다. 발도르프 학교의 놀잇감은 소박하고 따뜻한 느낌을 주어 상상력을 발휘하여 환상적인 힘을 키워나가는 재료가 된다.

6) 발도르프 유아교육기관에서의 예술교육

(1) 음악교육

슈타이너의 음악관은 그리스적·관념론적 음악관에 근거하여 전문 음악인이 아닌 단순히 음악을 즐기는 차원에서 발달과 영혼 성장을 돕는다(함희주, 1998). 발도르프교육기관에서 유아기의 대표적인 악기는 5음계 리코더와 라이어가 있다. 라이어는 유치원과 취학전 어린이를 위한 악기로, 대부분 단풍나무로 만들고 조화롭게 연주할 수 있는 5음계로 조율되어 줄을 어루만지며 다루는 하프형 악기이다. 어린이 라이어로 그룹활동에서 움직임 놀이와 즉흥 연주, 단순한 멜로디 연주에 활용할 수 있다(Jurgen Knothe, 2006). 라이겐은 음악뿐 아니라 동작을 포함하고 있으며 일반적으로 원 형태로 만들어 리듬적인 요소와 함께 신체를 움직이는 동작활동으로 내면화되어 정신적인 움직임으로 표출된다.

(2) 미술교육

발도르프에서 미술교육은 스스로의 체험을 통해 자유롭게 의지를 가지고 활동하며 자신의 내면을 자유롭게 표현할 수 있는 기회를 제공한다. 발도르프교육에서 경험하는 미술활동은 색감의 세계가 감정과 연결되어 있고 편안한 기분을 느끼게 해주는 색감과 불편함을 느끼게 하는 색이 있다. 이러한 색을 통해 유아는 다양한 감정을 나타내며, 다양한 색감을 경험하게 하는 것은 중요한 영향을 미친다.

① 밀랍크레용으로 그림 그리기

천연 재료인 벌꿀 왁스로 만든 밀랍크레용으로 삼원색을 제공하여 유아의 의식 발달에 따라 선, 원, 집, 나무, 사람을 그리게 되어 유아 자신의 신체에 대한 인식 변화와 세상과 자신의 관계를 그림을 통해 그린다. 이때 교사는 유아가 자유롭게 그림을 몰입할 수 있도록 환경을 조성해 준다.

② 밀랍점토 만들기

밀랍점토는 천연 재료인 벌꿀 왁스로 만든 것으로 클레이, 지점토처럼 촉감이 부드럽고 아이들이 가지고 놀기에 좋고 인위적인 냄새가 없다. 밀랍점토는 다른 점토와 다르게 손의 체온으로 녹여야 만들 수 있기 때문에 자연스럽게 기다림을 배우게 되고 자신의 손에서 점차 조작하기 쉽고 부드럽게 되는 과정을 경험하므로 모든 감각기관이 세상과 연결된다는 것을 느낀다. 이 밀랍점토 만들기를 통해 소근육발달과 동시에 감성(혼)의 움직임, 고유감각, 균형감각, 후각, 미각 등을 통해 창조의 즐거움을 체험한다.

③ 습식 수채화

발도르프 예술교육에서 습식 수채화는 유아들의 감성을 자극하는 대표적인 미술활동이다. 방법은 도화지를 물에 담근 후에 꺼내어 화판에 올려놓고 스펀지로 물기를 닦은 후, 빨강, 노랑, 파랑의 3원색 수채화물감과 넓은 붓을 가지고 그림을 그린다. 처음부터 삼원색을 제공하는 것이 아니라 한 가지 색을 충분히 만난 다음에 두 가지, 세 가지를 제공해준다. 물에 젖은 도화지의 특성상 경계선이 자연스럽게 표현되어 상상력을 발휘하고 환상적인 표현을 할 수 있다. 습식 수채화를 통해서 실패에 대한 두려움을 없애고 자신감을 회복할 수 있어 정서적인 치유의 목적으로 활용되고 있다.

④ 동작교육

오이리트미 '보이는 음악 예술', '보이는 언어 예술'로 음악에서는 악기로 연주하는 사람이 표출하고자 하는 감정을 표현하듯이 오이리트미는 음악과 그림 등을 인간의 동작으로 표현하는 동작예술이다. 오이리트미는 자신의 신체를 악기로 활용하며 깊은 영적 상태, 정신적 상태를 표현하는 것으로 전인적 상태를 투사하는 것이다.

⑤ 수공예교육

만 3~4세 정도의 어린이들이면 수놓기의 기초적인 바느질 놀이를 즐기고, 만 4~5세 유아는 베짜기 기본 원리를 익힌다. 수공예활동을 통해 정신과 영혼을 깨워줄 수 있으며 단순한 신체움직임보다는 정신적인 깨우침 과정으로 삶의 여러 가지 요소와 친숙해지는 데 목적이 있다. 발도르프교육은 손으로 움직이는 활동이 생각하는 힘과 연관되어 있다고 보고 있다.

7) 운영 및 환경

발도르프 학교는 12년간의 종합 학교이며, 자유 발도르프 유치원은 연령 혼합구성으로 3년에서 5년간 담임제로 유아의 삶을 면밀히 살피어 교육적 도움을 주도록 하였다. 발도르프 학교는 수업을 예술적으로 구성하고, 1학년부터는 2개의 외국어를 배우고, 교과서, 유급, 성적표가 없는 교육이다. 교장, 교감이 없고 교사 자치에 의해 학교가 운영한다. 발도르프 교사양성은 국가의 양성체계와는 별도로 자체적 운영되는 양성기관이 있다. 즉, 교사가 되려면 교대, 사범대, 일반대학을 졸업하고 다시 발도르프 사범대를 졸업해야 한다.

발도르프 학교 건물은 학교의 기능성과 효율성을 넘어 아름다움을 추구하는 아름다운 공간으로 창의적이고 다양한 예술적 경험할 수 있도록 자연에서 얻어지는 재료를 사용하였다. 벽면은 유아의 발달단계에 따라 파스텔톤의 색을 사용하여 안정감을 주었고, 각 교실모양도 네모 모양이 아니고, 지붕도 각이 없고 곡선으로 둥글게 지었다. 대부분의 발도르프 학교는 전자제품과 완제품 없이 자연물이나 꾸밈없는 원형 그대로 구성되고, 실외 환경도 자연 환경 속에서 주위 환경과 어우러지는 생태적 건축을 지향한다(권미량, 2018; 정윤경, 2013). 실외환경도 미끄럼틀, 그네 대신에 모래밭, 누워있는 고목, 잔디밭, 조그만 오두막으로 언제나 사색하고 뛰어 놀 수 있는 공간을 제공한다.

Chapter 07

영유아 프로그램 평가

1 평가 개념

유아교육 평가는 유아의 전인적인 성장과 발달을 위해 유아교육기관에서 행해지는 모든 활동 과정 및 결과에 대한 가치와 효율성을 합리적으로 판단하는 과정이라 할 수 있다. 영유아교육에서의 평가란 교육 프로그램과 시설 환경을 개선하여 양질의 교육을 실시하기 위해 교육 대상자인 영유아를 비롯하여 관련 종사자들과 프로그램, 시설 전반에 관한 다양한 자료를 수집, 분석하여 해당 기관 관련자들에게 정보를 제공해 주기 위해 시도되는 지속적인 활동이라고 정의내릴 수 있다(김경희 외, 2014).

최근까지 영유아교육기관의 질적 수준의 점검과 관리에는 소홀한 부분이 있었으나 국가적 수준에서 유치원(유아교육법 제 19조 근거)과 어린이집(영유아보육법 제30조)의 평가시스템을 구축하여 질적 수준 향상을 도모하기 위해 다각적으로 노력하고 있다. 유치원과 어린이집 운영 전반에 대한 평가를 실시하고 결과를 공개하는 등 다양한 정보를 제공하여 학부모가 합리적으로 영유아교육기관을 선택하도록 하여 교육수요자의 다양한 요구에 적극적으로 대처하고 있으며 교육현장을 질적으로 관리하기 위한 체계를 확립하고 있다.

양질의 평가서비스를 제공하기 위한 평가의 목적을 영유아, 교사, 부모 및 유아교육기관의 측면에서 살펴보면 다음과 같다(김경희 외, 2014).

첫째, 영유아의 영역별 발달 상황을 기술하고 연령에 맞게 발달하고 있는지 파악하여 영유아의 전인적 성장, 발달에 기여한다.

둘째, 유아교사는 영유아와의 상호작용, 학급운영 전반에 관한 지속적인 피드백을 받음으로써 더 나은 교수를 위한 정보를 제공한다.

셋째, 부모에게 자녀의 발달수준 및 변화를 보고함으로써 자녀에 대한 부모의 이해를 증진시키고, 자녀 양육태도, 부모역할 수행에 대한 정보를 제공함으로써 보다 나은 부모-자녀관계를 형성하여 영유아의 발달을 도모한다.

넷째, 영유아교육기관에서는 각 기관이 정하고 있는 교육목표가 제대로 달성되고 있는지를 파악할 뿐만 아니라, 시대적 변화 및 대상의 요구에 부합될 수 있게 기관 운영에 있어 합리적이고 객관적인 정보를 제공한다.

이상과 같이 평가는 영유아가 전인적으로 성장하고 발달할 수 있도록 영유아의 행동변화와 프로그램의 효율성을 알아보고 환경에 대한 자료를 수집, 분석하여 교육 및 보육 프로그램과 환경을 개선하는 데 목적이 있다.

2 평가 유형

영유아 프로그램 평가를 위해서는 영유아, 교사 및 프로그램 운영에 대한 평가가 실시되어야 한다. 평가에 대한 필요성과 평가내용 및 방법에 대한 구체적인 내용을 구분하여 제시하면 다음과 같다.

1) 영유아 평가

유아에 대한 평가는 전인적 성장과 발달을 도모하기 위해 유아의 발달과 학습과정, 상호작용 효과, 개인차 등을 관찰하고 기록하는 과정이다. 영유아는 발달 특성상 주의집중력이 짧고, 지필검사를 사용하기 어렵기 때문에 결과보다는 과정에 초점을 맞춘 평가가 이루어져야 한다. 이러한 맥락에서 유아에 대한 정보를 가장 객관적으로 얻을 수 있는 방법은 여러 상황에서 유아를 자세하게 관찰하는 것이며, 일반적으로 관찰, 포트폴리오 평가, 표준화 검사 등이 있다.

(1) 관찰

관찰은 자연스런 상황에서 유아의 흥미, 발달 상황 등에 대한 정보를 토대로 교수·학습활동의 기초자료를 제공한다는 장점이 있으나 유아의 외현적인 행동 이외의 내면적인 속성을 파악하기 힘들어 관찰의 신뢰도를 높이기가 어렵다.

교사는 매일, 주별, 월별, 연간 관찰 자료들을 토대로 기록하기, 평가하기, 계획하기, 의사소통하기의 반복 순환을 통하여 개별 혹은 집단아동들을 위한 관찰과정에 참여한다. 이러한 하루하루의 기록이 쓸모없는 것 같아 보이기 쉬워 교사는 쉽게 낙심하기도 한다. 그러나 어느 정도의 시간이 지난 후 비슷한 특성에 관한 관찰 자료들이 함께 묶여지면 어떤 행동이 패턴이 나타나게 되는데, 이를 토대로 실제 그 영유아가 무엇을 하고 있으며, 어떻게 발달해 가는지를 알게 된다. 이러한 작업들은 결국 교사 자신의 전문성을 함양하는 바탕이 된다(황해익·송연숙·정혜영·유수경, 2013)

① 일화기록(Anecdotal Records)

일화기록은 영유아의 발달에 의미있고 중요하다고 판단되는 행동특징과 사건을 사실적이고 객관적으로 기록하는 방법이다. 일정한 형식 없이 어떤 순간에 발생한 유아의 구체적인 행동 사례를 관찰하여 관찰유아 이름, 날짜, 시간, 상황 등과 같은 기본적인 정보와 언제, 어디서, 어떤 상황이 어떻게 발생했는지 그 상황에서 나타난 유아의 행동과 말을 구체적, 사실적으로 기록한다.

② 시간표집법(Time Sampling)

관찰하고자 하는 행동을 미리 선정하여 정해진 시간에 여러 차례 반복적으로 관찰하는 방법이다. 시간표집법은 일정한 시간 간격을 두고 관찰 행동의 출현 빈도를 기록하는 것으로, 자주 나타나는 유아의 행동 특성을 비교적 짧은 시간에 관찰하는 데 유용하여 현장에서 널리 사용되고 있다.

③ 사건표집법(Event Sampling)

사건표집법은 관찰하고자 하는 특정 행동이나 사건을 기록하는 방법으로 측정단위가 시간간격이 아니라 관찰하고자 하는 행동이다. 관찰하고자 하는 특정행동이나 특정 사건이 발생할 때 관찰하고 기록하기 때문에 시간적 제약이 없다.

④ 행동목록법(Check List)

행동목록법은 특정 행동의 존재여부를 표시하기 위해 사전에 관찰하고자 하는 유아의 발달이나 행동 특성 항목을 미리 선정하여 항목이 발견되었는지 여부를 '예', '아니오'로 표시할 수 있다. 행동목록은 다양한 행동관찰이 가능하고 객관적으로 관찰할 수 있지만 관찰 행동의 특성, 빈도, 지속시간에 대한 정보는 얻을 수 없다.

⑤ 평정척도법(Rating Scales)

행동에 대해 관찰한 후에 수량화된 점수를 부과하는 평정척도법은 특정 행동 또는 성격을 정해진 범주에 따라 평가한다는 점에서는 행동목록법과 유사하나 행동의 출현 유무를 표시하는 데 그치지 않고 행동의 정도와 질적인 특성을 판단할 때 유용하게 사용된다.

(2) 포트폴리오

포트폴리오는 유아의 그림, 글쓰기 등 활동 결과물과 기록자료, 유아의 활동과정 사진, 영상자료, 일화기록, 행동목록법 등의 교사 관찰자료, 부모와의 면담자료 등을 수집하여 모아놓은 자료를 근거로 유아의 지식, 기술, 태도 등의 성장과정을 평가하는 것이다. 유아를 단편적이고 일회성으로 평가하는 것이 아니라 유아 개개인의 성장 변화, 발달 양상에 대한 정보를 지속적이고 직접적으로 평가하므로 유아의 성장, 발달을 구체적이고 종합적으로 이해할 수 있다. 또한 교사들 간에 유아의 포트폴리오를 해석하고 협의하는 과정을 통해 수업활동, 학습전략 등에 대한 반성적인 사고가 증진될 수 있다. 반면 포트폴리오는 시간과 비용이 많이 소요되고 자료를 수집하고 평가하는 과정에서 교사의 주관적인 판단이나 개인적인 견해가 개입될 수도 있다.

포트폴리오자료를 수집할 때 고려해야 할 유의사항은 다음과 같다(최일선 외, 2010).

첫째, 활동결과물자료, 일화기록자료 등을 유아의 개인파일에 체계적으로 수집하여 정리한다.

둘째, 결과물 중 수집이 어렵거나 보관이 어려운 경우는 사진자료를 남겨두어 평가자료에 첨부한다.

셋째, 신체활동이나 행동 등은 사진 촬영 및 비디오로 녹화하여 객관적이고 정확한 평가가 되도록 한다.

넷째, 평가를 실시하는 날짜와 작업이 행해질 때의 상황 등을 평가자료와 함께 기록한다.

다섯째, 부모와의 면담내용 및 부모의 평정결과도 유아평가의 중요한 자료이므로 기록하며 보관한다.

(3) 표준화검사

표준화검사는 누가 사용하더라도 검사의 실시와 채점 그리고 결과의 해석이 동일하도록 모든 절차와 방법을 일정하게 만들어 놓은 검사를 의미한다(황해익, 2004). 일반적으로 전문가에 의해 제작되며 검사 실시에 대한 표준화된 기준이 마련되어 있고 신뢰도와 타당도가 검증되어 있으므로 개별 영유아의 행동이나 성취에 대한 객관적인 자료를 얻을 수 있다.

영유아를 위한 표준화된 검사에는 발달선별, 시지각발달, 언어발달, 지능, 학업 및 성취검사 외에도 사회성, 적응 및 기질, 성격, 자아개념, 창의성, 흥미, 행동 검사 등 다양한 검사가 있으므로 살펴보고자 하는 목적에 따라 적절한 검사를 선택하도록 한다. 국내에서 사용되고 있는 영유아용 표준화검사는 다음과 같다.

표 7-1 우리나라 영유아 표준화검사

표준	검사명	저자 · 제작년도	대상	출판사
개별 지능검사	유아지능검사(A, B)	김재은(1965)	4~7세	중앙적성연구소
	고대-비네검사	전용신(1971)	4~14세	문천사
	한국판-WISC	이장우 · 서봉연(1973)	5~16세	배영사
	표준화 삐아제식 유아용지능검사(A, B, C)	전윤식 · 임재택(1982)	4~7세	한국프뢰벨사
	한국판 그림지능검사(한국판 PTI)	서봉연 · 정보인 · 최옥순(1986)	4~7세	중앙적성출판사
	KEDI-WISC	한국교육개발원 박경숙 외(1986)	5~6세	민족문화문고간행회
	K-WISC-Ⅲ	곽금주 · 박혜원 · 김청택(2001)	6~16세	도서출판 특수교육
	유아지능검사(KISC)	행동과학연구소(1993)	3~6세	한국행동과학연구소
	K-WPPSI	박혜원 · 곽금주 · 박광배(1995)	3~7세	도서출판 특수교육
	K-ABC	문수백 · 변창진(1997)	2~12세	학지사
	종합인지능력검사(A·B)	송인섭 · 문정화 · 박정욱(1995)	4~7세	학지사
집단 지능검사	일반지능검사(가, 나형)	김호권(1964)	유치원, 초등 저학년	코리안테스팅센터
	지능진단검사	이상로(1967)	유치원, 초등 저학년	중앙적성연구소
	표준화지능성숙검사	김해옥 · 김란수(1963)	초등 1~3학년	배영사
	일반지능검사(다형)	김호권(1964)	초등 2,3학년	코리안테스팅센터
	인물화검사	김재은(1967)	5~12세	배영사
	인물화에 의한 간편지능검사(개정판)	김재은 · 김동국 · 여광은(1973)	3~12세 일반아 및 정신지체아	교육과학사
학습 준비도 · 학업성취검사 · 창의성	학습준비도검사	이은해(1979)	학령 전 아동	연세대 아동학과
	학습준비도검사	이연섭 · 김성일(1980)	학령 전 아동	한국교육개발원
	유아학습준비도검사	한국교육개발원(1987)	2~6세	동아출판사
	기초학습기능검사	한국교육개발원(1987)	5~12세	한국교육개발원

표준	검사명	저자 · 제작년도	대상	출판사
	유아용 종합 창의성 검사	전경원(1995)	유아	한국유아교육원
	유아발달수준검사	국립교육평가원(1996)	5세	국립교육평가원
사회 · 정서 · 기타영역 검사	아동용 주제통각검사 (CAT)	강대련 · 서봉연 · 이은화 · 홍기숙(1976)	3~10세	이화여대 인간발달연구소
	유아성격검사	송인섭(1993)	4~7세	학지심리검사 연구소
	한국아동인성검사 (KPI-C)	김승태 외(1997)	4~14세	한국가이던스
	유아음악적성검사	한국가이던스(1994)	3~7세	한국가이던스
	그림좌절검사(아동용)	김재은 · 김태련(1972)	유~초6	중앙적성연구소
	사회성숙도검사	이규성 · 김정희 · 이성진 (1976)	0~12세	한국행동과학 연구소
	사회성숙도검사	김승국 · 김옥기(1985)	0~성인	중앙적성출판사
	가정환경검사	한국행동과학연구소 (1973)	3~6세	한국행동과학 연구소

출처: 황해익 외(2008). 영유아 프로그램 개발과 평가. 경기: 공동체.

2) 교사 평가

유아교육은 유아의 발달적인 특성에 따라 교육과정이 운영되고 초중등 교육과 달리 교사의 자율성이 많이 반영되기 때문에 교사의 영향력과 역할이 더욱 중요하다. 교육의 질은 교사의 질을 넘지 못한다는 말처럼 유아교사의 역할에 따라 교육의 질이 결정되므로 유아교사 평가도 중요하게 간주되어야 한다.

(1) 평가내용

교사 평가는 교사가 하는 일의 가치를 판단하기 위해 교육활동에 관한 정보를 수집하고, 수집된 정보에 의해 해석해서 가치를 매기는 행위로 볼 수 있다(임승렬, 2001). 교사는 교사 평가를 통해 질 높은 교육 프로그램 운영을 위한 자질과 교수방법 향상 등의 전문성을 배양할 수 있으며, 기관에서는 임용, 승진 등의 행정적인 의사결정자료가 될 수 있다. 교사 평가는 동기

유발, 사기 등 교사의 의욕고취 및 영유아와 유아교육기관에 미치는 영향이 상당히 크므로 공평하고 객관적인 평가준거와 방법으로 이루어져야 한다.

객관적인 교사 평가가 이루어지기 위해서는 다음의 내용에 유의해야 한다(황해익, 2004).

첫째, 한 번의 막연한 인상에 의존하기보다는 가능하면 한 번 이상의 직접적인 관찰을 통해 교사 평가가 이루어져야 한다.

둘째, 평가 준거 및 양식에 대해 사전에 교사와 협의함으로써 교사에게 어떤 기준에 의해 자신이 평가되는지 알려주어야 한다.

셋째, 프로그램에 적합한 평가양식을 선정하고 필요하면 목적에 부합할 수 있도록 수정한다.

(2) 평가방법

교사 평가는 자기 평가, 동료 평가, 외부관찰자 평가 등이 있다.

① 자기 평가

자기 평가는 일정한 평가양식을 통해 교육활동에 대한 반성적 사고와 고찰을 통해 장단점을 이해하고 유아교육계획에 반영함으로써 보다 효율적인 유아교육과정 운영이 이루어지도록 수업을 개선하는 것이다. 교사의 자기발전과 전문성 향상에 필요한 활동으로 평가척도 양식, 포트폴리오, 저널쓰기, 반성적 교수, 수업사례 분석 등을 활용할 수 있다.

② 동료 평가

동료 및 주임교사, 원감, 원장 등의 상급자에 의해 이루어지는 동료 평가는 자발적인 참여로 실시되어야 하며 자율장학과 자체연수를 통해 교수 능력, 상호작용 방식 등에 대한 특별한 전략을 제안하고 지속적인 피드백이 이루어지므로 유아교육과정 운영에 긍정적인 영향력을 줄 수 있다. 평가준거에 대해 미리 동료교사와 협의를 거쳐야 하며, 2회 이상의 직접적인 관찰을 통한 평가가 바람직하다.

③ 외부관찰자 평가

전문성을 갖춘 외부관찰자에 의한 평가는 주로 수업공개나 시범수업 등을 통해 이루어지며, 교사의 수업기술, 상호작용 등에 대한 장단점과 방향점 등을 제시해 줄 수 있다. 단시간에 진행되는 평가이므로 교사의 교육과정 운영방식, 교수활동 등에 대한 정보가 부족할 수 있다.

3) 프로그램 운영 및 기관 평가

영유아 프로그램 평가는 프로그램의 질적 수준과 효과를 살펴보는 프로그램 운영 평가와 기관 평가가 있다.

프로그램 운영 평가는 주로 프로그램이 영유아들에게 미치는 장단기 효과를 살펴보는 것으로, 평가를 실시하고 그 결과를 교육계획에 반영하여 교육과정 질적 수준과 프로그램 효율성을 개선하는 것이다. 좁은 의미의 프로그램 평가는 프로그램의 주요 요소인 프로그램의 목표, 프로그램 내용, 교수학습 과정의 실행에 대한 질적 평가라고 할 수 있으며, 넓은 의미로는 교사, 영유아, 부모에 의한 평가까지 포함할 수 있다(이소희 외, 2001). 기관 평가는 프로그램의 정책, 실제 등 교육 및 보육의 과정 변인들을 포함하고 있으며, 교육 및 보육의 질을 제고하고 전문적 성장의 정도를 점검할 수 있는 지표를 제공하고 있다.

프로그램 운영과 기관에 대한 평가는 유아교육기관을 통제하는 것이 아니라 교육 및 보육기관의 질적 수준 개선을 위해 교육청, 육아종합지원센터 등 유관기관의 일관되고 적극적인 정책, 학부모의 의식 고취 등의 노력과 지원과 필요하며, 최근에 부각되고 있는 것이 기관 평가라고 할 수 있다.

기관 평가는 유아교육기관의 제반 구조와 요인이 기관의 교육목표 달성을 위하여 구체적으로 어떻게 기능하고 있는지를 점검하여, 이러한 결과를 토대로 유아교육기관의 질을 제고하고 유아교육기관의 경영개선을 위한 정보를 제공하고자 하는 방향으로 전개되고 있다. 즉, 영유아의 발달 성취도뿐만 아니라 기관의 인적, 물리적 요소 및 프로그램 등 제도적이고 운영적인 측면을 총체적으로 진단하고 있다(황해익 외, 2008).

이러한 기관 평가는 평가인증 기준을 제공하기도 한다. 전문가 집단의 동의하에 선정된 기준에 따라 평가인정제도를 통해 프로그램의 전문성을 인정하는데, 현재 우리나라의 경우 정부주도 하에 2005년부터 어린이집을 대상으로 평가인증제를 실시하고 있으며, 2007년에는 유치원 시범 평가를 시작으로 유치원에 대한 평가가 진행되고 있다.

3 우리나라 기관 평가

우리나라 영유아교육기관인 유치원과 어린이집은 국가수준 교육과정을 운영하며, 국가적 차원에서 각 기관의 특성에 부합되는 유치원 평가와 어린이집 평가인증을 실시하고 있다. 기관 평가를 통해 기관의 질적인 향상을 제고하고 교사의 전문성을 향상시킬 뿐 아니라 부모들에게 질 높은 기관을 선택할 수 있도록 정보를 제공하고 있다. 이를 통해 정부가 교육 및 보육기관을 효율적으로 지원하고 관리하는 체제를 확립하고 있다.

1) 유치원 평가

2004년 「유아교육법」 제정으로 유치원 평가가 마련된 후 전국 100개 유치원을 대상으로 실시한 2007년 유치원 시범 평가를 시작하였고, 제1주기 유치원 평가(2008~2010년), 제2주기 평가(2011~2013년), 제3주기 평가(2014~2016년), 제4주기 평가(2017~2019년)가 시·도교육청을 통해 실시되었다.

유치원 평가는 평가 대상 유치원의 운영실태를 진단하고 개선점을 제공하고자 하는 컨설팅 형태의 평가로, 국가 공통지표인 교육과정, 교육환경, 건강·안전, 운영관리 4개 영역과 자체 평가지표를 평가하도록 되어 있다. 3년을 주기로 하는 유치원 평가는 자체 평가, 서면 평가, 현장 평가, 평가결과 송부단계로 이루어진다.

서면 평가는 유치원 교육계획서나 자체 평가보고서로 대체할 수 있고, 현장방문 평가는 유아교육 전문가, 현장 교원 등의 평가위원회를 구성하여 실시하며 객관성과 공정성을 확보하기 위해 서면 평가와 현장방문 평가를 병행할 수 있다. 또한 지역실정에 맞는 자체지표를 개발하여 학부모 만족도를 반영하도록 한다. 평가결과는 등급화하지 않고 평가참여에 따른 유치원의 행정적, 재정적 지원방안을 수립하여 운영진단과 개선에 주력하기 위한 노력이 이루어지고 있다.

이러한 유치원 평가의 추진 목적은 평가결과를 환류하여 유치원 운영의 효율성과 유아교육의 질적수준을 제고하며, 우수유치원에 대한 정보를 제공하여 학부모 만족도를 보장하고 전체 유치원의 질 관리와 경영개선 효과를 기대할 수 있다.

자체 평가	⇨	현장 평가	⇨	종합 평가	⇨	평가 결과 송부/심의	⇨	결과공시
유치원		평가 위원회		평가 위원회		평가 담당 기관/심의 위원회		유치원

그림 7-1 유치원 평가 과정

제4주기 유치원 평가는 유치원·어린이집 통합평가를 위해 개발된 통합평가지표의 특징을 갖는다. 제4주기 유치원 평가의 추진방향과 목적 및 지표는 다음과 같다.

(1) 제4주기 유치원 평가의 목적

- 누리과정을 충실히 운영할 수 있는 유치원 운영체계 구축 및 유치원의 책무성 제고를 통해 유치원 교육서비스의 질적 수준 향상
- 유치원 운영 전반을 체계적·종합적으로 점검하고 평가 결과 환류 및 맞춤형 지원을 통해 유치원 운영 개선
- 평가 결과 공개를 통해 학부모의 알 권리 및 유치원 선택권 보장으로 학부모의 유치원교육에 대한 만족도 제고

(2) 제4주기 유치원 평가의 추진체계

유치원 교육서비스의 질적 수준 제고 및 학부모 알권리 보장

↑

교육부	시도교육청 등	유치원
평가 사업 지원	평가 시행 주체	평가 참여

(3) 제4주기 유치원 평가 영역 및 내용

- 평가 영역: ① 교육과정, ② 교육환경 및 운영관리, ③ 건강·안전, ④ 교직원
- 평가 지표: 공통 지표와 자체 지표로 구성
  - (공통 지표) 유아의 건전한 발달 및 유치원의 내실 있는 운영을 위해 전국적으로 활용하는 지표
  - (자체 지표) 시·도교육청의 역점(특색)사업 등에서 자율적으로 선정

(4) 제4주기 유치원 평가절차

- 평가 절차
- 자체 평가 → 현장 평가 → 종합 평가로 3단계 평가

자체 평가	⇨	현장 평가	⇨	종합 평가	⇨	평가결과서 송부 / 심의		결과 공시
유치원		평가위원회		평가위원회		교육청 / 심의위원회		유치원
• 유치원 전체 실시(매년~9월초까지)		• 관찰·면담 등으로 실제 유치원의 운영 실태 평가		• 평가보고서, 기타사항 등을 종합하여 평가		• 유치원 평가 결과서 송부 • 이의제기 등 검토		• 유치원알리미에 공시 조치

※ 원칙은 3단계 평가 절차이나, '현장·종합 평가'를 통합하여 추진 가능

(5) 제4주기 유치원 평가지표 및 평가항목

영역	평가지표	평가항목
Ⅰ. 교육과정(29)	1-1. 교육 계획 수립 및 실행(4)	1. 국가 수준의 교육과정에 제시된 목표 및 내용을 반영한다.
		2. 유아의 발달 수준 및 학급 특성을 고려하여 연간, 월간, 주간, 일일 계획안을 작성한다.
		3. 연간, 월간, 주간, 일일계획안의 목표 및 내용이 적절하며, 연계성이 있다.
		4. 누리과정의 영역을 반영하여 교육활동을 실시한다.
	1-2. 일과 운영(5)	1. 계획에 따라 유아의 연령에 적합한 놀이, 활동, 일상생활 경험을 균형 있게 통합적으로 운영한다.
		2. 자유선택활동 시간을 매일 충분히 배정하여 운영한다.
		3. 바깥 놀이 시간을 매일 충분히 배정하여 운영한다.
		4. 놀이나 활동을 융통성 있게 운영한다.
		5. (특) 특수교육대상 유아를 위한 관련 서비스(치료지원 포함)를 일과 중에 통합적으로 제공한다.
	1-3. 교수-학습방법(6)	1. 주제에 적합한 활동계획을 수립하고 그에 적절한 교수-학습방법과 자료를 활용한다.
		2. 교사는 유아가 활동에 대한 흥미나 호기심을 갖도록 한다.
		3. 교사는 다양한 놀이와 활동이 유아의 자발적 선택에 의해 주도적으로 이루어지도록 격려한다.
		4. 교사는 유아의 놀이상황을 관찰하면서 놀이를 지원한다.
		5. 교사는 유아가 다양하게 생각하여 대답할 수 있도록 발문한다.
		6. 교사의 태도가 안정되고 자신감이 있다.
	1-4. 교사-유아 상호작용(6)	1. 교사는 신체적 특성, 가족 및 민족 배경 등으로 인한 편견 없이 모든 유아를 존중한다.
		2. 교사는 유아의 기질, 정서적 상태, 놀이 선호 등을 파악하여 적절히 반응한다.
		3. 교사는 유아의 개별적 요구나 질문을 주의 깊게 듣고, 적절하게 반응한다.
		4. 교사는 유아가 이해할 수 있는 내용으로 눈을 마주치며 이야기한다.
		5. 교사는 위협, 비난, 조롱 등 부정적 언어를 사용하지 않는다.
		6. 교사는 칭찬과 격려를 통해 유아에게 자신감을 준다.
	1-5. 유아 간 상호작용 시 교사 역할(4)	1. 교사는 유아가 일상에서 또래와 긍정적 상호작용을 하도록 격려한다.
		2. 교사는 유아가 자신의 의견이나 생각을 또래에게 말로 표현하도록 격려한다.
		3. 교사는 유아가 적절한 약속과 규칙을 알고 지킬 수 있도록 격려한다.

영역	평가지표	평가항목
		4. 교사는 유아 간 다툼이나 문제가 발생하지 않도록 환경을 마련하고, 발생 시 적절히 개입한다.
	1-6. 평가(4)	1. 유아의 행동을 객관적으로 관찰 · 기록한다.
		2. 교육과정 목표와 내용을 준거로 유아의 발달특성과 변화를 평가한다.
		3. 유아 평가결과를 교육과정 편성 및 운영에 반영하고, 부모면담의 자료로 활용한다.
		4. 교육과정 운영에 대한 평가를 실시하고, 그 결과를 다음 계획안에 반영한다.
Ⅱ. 교육 환경 및 운영 관리 (20)	2-1. 실내 공간 구성(5)	1. 교실 내 흥미영역은 유아의 연령 및 발달 특성을 고려하여 충분한 공간에 구성한다.
		2. 유아의 요구를 충족하는 다양한 공간을 마련하고 있다.
		3. 실내 시설 및 설비가 유아의 발달 수준에 적합하다.
		4. 계획안의 주제와 관련된 교재 · 교구들을 유아의 연령수준에 맞게 영역별로 다양하게 구비하고 있다.
		5. 비품과 교재 · 교구를 보관하는 별도의 공간이 있고, 연령별, 주제별 또는 영역별로 정리되어 있다.
	2-2. 실외 공간 구성(3)	1. 실외(옥외) 놀이터 등을 구비하고 있다.
		2. 유아 발달에 적합한 다양한 놀이기구를 구비하고 있다.
		3. 실외 공간에 다양한 활동영역을 제공하고 있다.
	2-3. 기관 운영(5)	1. 학급을 편성 규정에 맞게 운영하고 있다.
		2. 개별 유아의 생활기록부를 작성 · 관리하고 있다.
		3. 신입유아 적응을 위한 지원을 하고 있다.
		4. 예결산서를 대내외적으로 공개한다.
		5. 입학금과 수업료 외의 기타경비 관련 규정을 마련하여 준수하고 있다.
	2-4. 가정 및 지역사회와의 연계(5)	1. 부모와 상호 협의 하에 유치원을 개방한다.
		2. 부모교육을 다양하게 실시하고 있다.
		3. 부모와 개별면담을 하고 가정과의 소통을 다양한 방법으로 실시하고 있다.
		4. 유아와 가족의 문제를 파악하고 지원한다.
		5. 지역사회와 연계한 다양한 활동을 실시하고 있다.
	2-5. 방과후 과정(2)	1. 특성화활동을 운영지침에 따라 실시한다.
		2. 방과후 과정을 위한 기본 시설 · 설비를 구비하고 담당인력을 배치하고 있다.
Ⅲ. 건강 · 안전 (15)	3-1. 실내외 공간의 청결 및 안전(4)	1. 실내외 공간을 청결하고 쾌적하게 관리하고 있다.
		2. 실내외 공간을 유아의 안전을 위해 위험요인 없이 관리하고 있다.
		3. 실내외 놀잇감이 안전하고, 위험한 물건을 안전하게 보관 · 관리하고 있다.

영역	평가지표	평가항목
		4. 안전시설 및 설비를 비상시 효율적으로 사용할 수 있도록 관리하고 있다.
	3-2. 급·간식(3)	1. 영양의 균형을 고려한 급·간식을 제공하고 있다.
		2. 식자재의 구입·보관 및 조리공간을 위생적으로 관리하고 있다.
		3. 조리 및 배식과정을 청결하고 위생적으로 관리하고 있다.
	3-3. 건강증진을 위한 교육 및 관리(3)	1. 손 닦기, 양치질 등 청결한 위생습관을 실천한다.
		2. 교사는 유아의 건강 상태를 살펴보고 적절하게 지원한다.
		3. 유아와 교직원의 건강증진을 위한 예방관리와 교육을 실시한다.
	3-4. 등·하원의 안전(2)	1. 유아는 등·하원 시 성인의 보호 하에 있다.
		2. 통학차량을 운행할 경우 안전요건을 갖추어 관리한다.
	3-5. 안전교육 및 사고 대책(3)	1. 유아를 대상으로 안전교육을 지속적으로 실시하고 있다.
		2. 교직원은 안전교육을 받고 유아학대예방 지침을 준수한다.
		3. 영유아, 교직원 및 시설 보험에 모두 적합하게 가입하고 있다.
Ⅳ. 교직원 (13)	4-1. 원장의 리더십(4)	1. 원장은 자신의 전문성 향상을 위해 노력하고 있다.
		2. 원장은 교직원을 존중하고, 교직원의 발전을 위해 지원하며, 면담을 실시한다.
		3. 원장은 정기적인 교사회의 등을 통해 교직원의 의견을 민주적으로 수렴한다.
		4. (사립) 2년 이상 근속한 교사가 전체 교사의 50% 이상이다.
	4-2. 교직원의 근무환경 (3)	1. 교사실과 개인사물함을 별도로 마련하고 있다.
		2. 교사의 업무지원을 위한 자료 및 설비를 충분히 구비하고 있다.
		3. 성인용 화장실/변기를 유아용과 별도로 설치하고 있다.
	4-3. 교직원의 처우와 복지(3)	1. 교직원 인사와 관련하여 공정한 규정이 있으며, 이를 준수하고 있다.
		2. 교직원의 보수와 관련한 규정이 있으며, 이를 준수하고 있다.
		3. 교직원의 복지를 위해 노력하고 있다.
	4-4. 교직원의 전문성 제고(3)	1. 신규 교직원에게 업무 관련 오리엔테이션을 실시하고 있다.
		2. 교원의 전문성 제고를 위한 다양한 연수기회를 부여하고 있다.
		3. 교사의 교수-학습방법에 대한 장학을 실시하고 있다.

2) 어린이집 평가

국가적으로 어린이집의 질 관리 필요성의 차원에서 시작된 어린이집 평가인증제도는 영유아보육법 제30조에 근거하여 2005년도에 1,000개소를 대상으로 시범적으로 운영하였고, 제1차 평가인증(2006~2009년), 제2차 평가인증(2010~2016년), 제3차 평가인증(2017~2019년 6월)이 시행되었고 2018년 영유아보육법 개정을 통하여 '보육·양육에 대한 사회적 책임 강화' 실현을 위해 모든 어린이집을 대상으로 하는 의무 평가제의 법적 근거가 마련되어 2019년 6월부터 어린이집 평가제가 실시되고 있다.

어린이집 평가제는 보육·양육에 대한 사회적 책임 강화 및 질 높은 보육서비스를 제공하고 우수한 보육환경 조성을 위해 국가 차원에서 어린이집을 객관적이고 주기적으로 평가하여 보육서비스 질을 확보하기 위해 국가에서 인증을 부여하고 있으며 현재 한국보육진흥원 평가인증국에서 평가인증과정을 담당하고 있다.

(1) 어린이집 평가제 기본방향

국가 차원의 주기적인 평가를 통해 모든 어린이집의 상시적인 보육서비스 질을 확보하고, 보육·양육에 대한 사회적 책임 강화를 실현하며 안심 보육환경을 조성한다.

(2) 어린이집 평가제 목적

우리나라 어린이집 평가제는 다음의 목적으로 시행되고 있다(한국보육진흥원, 2020).

첫째, 상시적인 보육서비스 질 관리를 위해 주요 핵심지표를 질 관리표준을 제시하고 어린이집 스스로 질적 수준을 제고하도록 한다.

둘째, 전체 어린이집에 대한 주기적인 평가를 통하여 보육서비스 품질관리의 사각지대를 해소하고 전반적인 보육서비스 수준을 지속적으로 관리하여 국가의 책무성을 강화하고자 한다.

셋째, 궁극적으로 평가제를 통해 보육서비스의 질 향상을 제고함으로써 영유아의 안전과 건강, 조화로운 성장과 발달을 도모하고자 한다. 이를 위해 영유아의 인권과 놀 권리를 보장하고 영유아가 건강하고 행복하게 성장할 수 있는 안심 보육환경을 조성하며, 보육교직원이 영유아 보육에 집중할 수 있는 여건을 조성한다.

어린이집 평가제는 영유아 권리 존중, 급간식 위생, 안전 분야 필수지표 요소를 확대하여 보육과정 및 상호작용, 보육환경 및 운영관리, 건강·안전, 교직원 4영역 18지표 59항목을 평가하고 있다. 2년을 평가주기로 하며 대상선정·통보, 기본사항확인 및 자체점검, 현장 평가, 종합 평가, 결과공표단계로 진행된다.

(3) 어린이집 평가제 운영체계

어린이집 평가 과정은 평가대상 어린이집 선정 및 통보, 기본사항 확인, 자체 점검보고서 제출, 현장 평가, 종합 평가 순으로 진행되며 운영체계는 다음과 같다.

표 7-2 평가 운영체계

	어린이집 평가 운영체계	
준비	**어린이집** 상시 자체점검	육아종합지원센터 사전컨설팅
대상 선정 및 통보	**한국보육진흥원** 선정통보(1차)▶확정 통보(2차)	어린이집/지자체 대상확인
기본사항 확인 및 자체점검	**어린이집** 자체점검보고서 제출	지자체 기본사항 확인
현장 평가	**한국보육진흥원** 현장평가보고서 작성 및 검토	
종합 평가	**한국보육진흥원** 소위원회▶종합평가위원회 등급 조정 및 결정	
결과통보	**한국보육진흥원** 어린이집 개별 통보	소명심사위원회 소명심사
결과공표	**보건복지부** 통합정보공시 홈페이지 공개	
평가 후 관리	**어린이집** – (A·B등급) 연차별 자체점검보고서 제출 – (C·D등급) 자체개선보고서 제출	
	한국보육진흥원 육아종합지원센터 – 확인점검 – 사후방문지원(컨설팅) * C·D등급 의무 – 평가주기 조정관리	보건복지부 최하위 등급 조정

출처: https://www.kcpi.or.kr/

(4) 어린이집 평가제 평가지표

제3차 평가인증 통합지표를 토대로 2020년 개정 누리과정 및 개정 표준 보육과정의 시행, 보육지원 체계 개편 등에 따른 변화를 반영하여 평가항목을 개선하였다.

- 평가영역: ① 보육과정 및 상호작용 ② 보육환경 및 운영관리 ③ 건강·안전, ④ 교직원
- 18지표 59항목

(5) 어린이집 평가제 평가 지표 세부 항목

평가영역	평가지표	평가항목
1. 보육과정 및 상호작용 (18)	1-1 영유아권리 존중(2)	1. 교사는 영유아를 존중한다.
		2. 교사는 영유아를 차별없이 대한다.
	1-2 보육계획수 립 및 실행 (6)	1. 표준보육과정을 바탕으로 어린이집의 철학을 반영한 보육계획을 수립한다.
		2. 영유아가 편안한 분위기에서 일상경험을 할 수 있도록 운영한다.
		3. 하루일과에서 영유아의 놀이가 충분히 이루어지도록 한다.
		4. 바깥 놀이 시간을 매일 충분히 배정하여 운영한다.
		5. 특별활동은 운영 지침에 따라 운영한다.
		6. 장애유아를 위한 관련 서비스(치료지원 포함)를 일과 중에 통합적으로 제공한다.
	1-3 놀이 및 활동지원 (3)	1. 교사는 놀이와 활동이 영유아의 자발적 선택에 의해 주도적으로 이루어지도록 격려한다.
		2. 교사는 영유아의 놀이 상황을 관찰하면서 놀이와 관련된 상호작용을 한다.
		3. 영유아의 다양한 놀이와 활동에 필요한 자료를 제공한다.
	1-4 영유아 간 상호작용 지원 (4)	1. 교사는 영유아의 감정에 공감하고 스스로의 감정을 다룰 수 있도록 돕는다.
		2. 교사는 영유아가 일상에서 자신의 의견, 생각 등을 또래와 나눌 수 있도록 격려한다.
		3. 교사는 영유아가 적절한 약속과 규칙을 지키도록 격려한다.
		4. 교사는 영유아 간 다툼이나 문제가 발생할 경우 다양한 해결방식을 사용한다.

평가영역	평가지표	평가항목
	1-5 보육과정 평가 (3)	1. 반별 보육일지에 하루 일과 및 놀이실행에 대한 기록이 있고, 필한 경우 그 내용을 다음 놀이 지원 및 활동 계획에 반영한다.
		2. 영유아의 일상생활, 실내외 놀이 및 활동에 대한 관찰 내용을 기록하고, 영유아의 발달특성과 변화를 평가한다.
		3. 원장은 각 반별 보육과정 운영에 대한 평가를 통해 어린이집 전체 보육과정 운영을 파악하고 있다.
2. 보육환경 및 운영관리 (14)	2-1 실내공간구성 및 운영 (4)	1. 보육실 내 놀이영역은 영유아의 연령, 발달특성 및 놀이를 반영하여 구성한다.
		2. 실내 시설 및 설비가 영유아의 발달수준에 적합하다
		3. 영유아의 요구를 충족하는 보육실 이외의 별도의 공간을 마련하고 있다.
		4. 비품과 활동자료를 보관하는 별도의 공간이 있고 체계적으로 정리하고 있다.
	2-2 실외공간구성 및 운영 (3)	1. 옥외 놀이터 등을 구비하고 있다.
		2. 영유아의 발달을 지원하는 다양한 놀이 및 활동자료가 준비되어 있다.
		3. 영유아의 발달에 적합한 다양한 바깥 놀이 및 활동이 이루어진다.
	2-3 기관운영 (4)	1. 모든 반을 편성 규정에 맞게 운영하고 있다.
		2. 어린이집 운영 계획을 수립하여 부모에게 안내한다.
		3. 신규 보육교직원에게 오리엔테이션을 실시하고 있다.
		4. 신입 영유아 적응을 위한 지원을 하고 있다.
	2-4 가정 및 지역사회와의 연계 (3)	1. 어린이집을 개방하여 다양한 부모참여와 교육이 이루어진다.
		2. 평소 가정과 다양한 방법으로 소통하고 정기적인 개별면담을 통해 가족을 지원한다.
		3. 지역사회와 연계한 다양한 활동을 실시하고 있다.
3. 건강·안전 (15)	3-1 실내외 공간의 청결 및 안전 (3)	1. 실내외 공간을 청결하고 쾌적하게 관리한다.
		2. 실내외 공간과 설비를 위험요인 없이 안전하게 관리한다.
		3. 실내외 공간의 놀잇감 및 활동자료와 위험한 물건을 안전하게 관리한다.
	3-2 급·간식 (3)	1. 영양의 균형을 고려한 급·간식을 제공하고 있다.
		2. 식자재의 구입·보관 및 조리공간을 위생적으로 관리하고 있다.
		3. 조리 및 배식과정을 청결하고 위생적으로 관리하고 있다.
	3-3 건강증진을 위한 교육 및 관리(3)	1. 손씻기, 양치질 등 청결한 위생습관을 실천한다.
		2. 교사는 영유아의 건강상태를 살펴보고 적절하게 지원한다.
		3. 영유아와 보육교직원의 건강증진을 위한 예방관리와 교육을 실시한다.

평가영역	평가지표	평가항목
	3-4 등하원의 안전(3)	1. 교사는 영유아의 출석을 확인하며 인계규정에 따라 귀가지도를 한다.
		2. 영유아는 등원부터 하원까지 성인의 보호 하에 있다.
		3. 등·하원용 차량을 운행할 경우 안전요건을 갖추어 관리한다.
	3-5 안전교육과 사고예방(3)	1. 영유아를 대상으로 안전교육을 지속적으로 실시하고 있다.
		2. 보육교직원은 안전교육을 받고 영유아 학대 예방 지침을 준수한다.
		3. 안전설비를 비상시 효율적으로 사용할 수 있도록 관리하고 있다.
4. 교직원 (12)	4-1 원장의 리더십(3)	1. 원장은 자신의 전문성 향상을 통해 어린이집 발전에 기여한다.
		2. 원장은 보육교직원을 존중한다.
		3. 원장은 건전한 조직문화 조성을 위해 노력한다.
	4-2 보육교직원 의 근무환경 (3)	1. 교사를 위한 별도 공간을 마련하고 있다.
		2. 교사를 위한 개인사물함과 업무지원 설비를 마련하고 있다.
		3. 성인용 화장실을 영유아용과 별도로 설치하여 사용하고 있다.
	4-3 보육교직원 의 처우와 복지(3)	1. 보육교직원의 복무와 보수에 관한 규정이 있으며 이를 준수하고 있다.
		2. 교사의 직무스트레스를 예방하고 관리할 수 있는 서비스를 안내 및 제공한다.
		3. 보육교직원을 위한 복지제도를 운영하고 있다.
	4-4 보육교직원 의 전문성 제고(3)	1. 보육교직원의 전문성 제고를 위한 다양한 교육 기회를 부여하고 있다.
		2. 교사의 상호작용에 대한 관찰과 지원을 실시하고 있다.
		3. 교사에 대한 근무평가를 실시하고 있다.

(6) 어린이집 평가제 평가 지표 세부 항목

필수지표	1-1. 영유아 권리 존중	
필수요소	3-2-2-1	식자재는 신선한 것을 구입하고 이를 위생적으로 보관함
	3-2-2-2	유통기한 경과 식품(식자재 등)이 없음
	3-2-3-3	1회 조리된 음식은 당일 소모하고 재배식하지 않음
	3-4-1-4	영유아의 인계과정이 규정에 따라 안전하게 이루어짐
	3-4-2-4	영유아를 두고 자리를 비울 때에는 책임 있는 성인에게 인계함
	3-4-3-4	운전자와 함께 차량에 동승한 성인은 영유아를 안전하게 보호함
	3-5-2-1	보육교직원을 대상으로 기본적인 안전교육을 정기적으로 실시함 (영유아 학대 예방교육 포함)
	3-5-2-4	영유아 학대 예방 지침(체벌 금지 포함)을 준수함

어린이집 평가제는 평가의무가 부여되기 때문에 전체 어린이집의 평가를 주기적으로 시행하고 등급에 따라 사후관리가 이루어진다. 이에 따른 어린이집 평가제의 특징은 다음과 같다.

표 7-3 평가제 특징

구분	평가제
평가대상	• 전체 어린이집
평가절차	• 평가대상 통보 → 기본사항 확인 및 자체점검 → 현장 평가 → 종합 평가 (총 3개월) 대상통보 / 한국보육진흥원 기본사항확인 및 자체점검 보고서 제출 / 지자체 어린이집 현장 평가 / 현장 평가자 종합 평가, 결과통보 / 종합평가 위원회
평가결과	• 참여 수수료 전액 국가 부담
평가주기	• 기본사항: 사전점검사항 5개, 위반이력사항 사전점검사항 미준수는 D등급 부여, 위반 이력사항 발생 시 차하위 등급 부여
결과공표	• 소위원회와 종합평가위원회에서 심의, 등급 결정 • 필수지표 및 요소 미충족 시 A등급 불가
사후관리 및 등급조정	• 재참여, 재평가 과정 폐지
결과활용	• 4등급(A, B, C, D)
평가주기	• A, B등급 3년 / C, D등급 2년
결과공표	• 전체 어린이집의 결과 공시 평가결과, 평가이력 등 공개
사후관리 및 등급 조정	• 평가 등급별 사후 관리 연차별 자체점검보고서 제출(A, B등급) 사후방문지원(C, D등급 의무 실시) 확인점검(평가 관련 민원 발생, 법 위반 및 행정처분, 정보공시 부실어린이집 등에 대하여 불시점검) • 평가등급 조정 및 관리 법 위반 및 행정처분 발생 시 최하위 등급 조정
결과활용	• 평가 등급별 행·재정적 지원 등 • 지도점검 연계(2회 연속 D등급 어린이집)

출처: 한국보육진흥원(2020). 2020 어린이집 평가 매뉴얼.

참고문헌

강은진 · 김소연 · 박성연 · 변윤희 · 심향분 · 연혜민 · 유연일 · 육길나 · 정진나 · 조경희 · 최경(2015). **영유아 프로그램 개발과 평가**. 경기: 공동체.

강혜정(1997). 레지오 에밀리아 접근법에서의 기록의 효과에 대한 연구. 중앙대학교 대학원 석사학위논문.

교육과학기술부 · 보건복지부(2012). 3~5세 연령별 누리과정 지원을 위한 시 · 도(교육)청 강사요원 중앙연수자료집.

교육부 · 보건복지부(2019). 2019 개정 누리과정.

곽노의(1996). 발도르프 유치원의 교육이론과 활동. **유아교육연구**, 16(1), 5-22.

곽노의(1999). **21세기 유아교육 모델로서 자유 발도르프 유아교육**. 서울: 밝은누리.

권미량(2018). **유아교육과정**. 경기: 양서원.

김경회 · 문혁준 · 김선영 · 김신영 · 김지은 · 김혜금 · 서소정 · 안선희 · 안효진 · 이희경 · 정선아 · 황혜원(2014). **보육학개론(제3판 증보)**. 경기: 창지사.

김미경 · 나유미 · 박수진 · 이혜정 · 정경미(2018). **유아교육과정.** 경기: 양성원.

김미숙(2002). 루돌프 슈타이너의 교육예술론 연구-오이리트미를 중심으로-. 성신여자대학교 대학원 박사학위논문.

김병희 · 정길영 · 차상희 · 은은숙(2012). **유아교육사상가.** 경기: 공동체.

김빛나(2019). 발도르프 예술활동이 유아의 자아존중감 및 창의적 미술 표현력에 미치는 영향. 동국대학교 대학원 석사학위논문.

김수영 · 김수임 · 정정희 · 천신현(2016). **영유아프로그램 개발과 평가.** 경기: 양성원.

김숙자(2001). **유아교육 프로그램.** 서울: 문음사.

김연희(2019). 발도르프 유치원 환경 색채 특성에 관한 연구. 홍익대학교 산업미술대학원 석사학위논문.

김은경(2003). 아동의 창의력 계발을 위한 기초 디자인 교육에 관한 연구-레지오 에밀리아프로그램을 중심으로. 국민대학교 교육대학원 석사학위논문.

김은주(2003). 생태유아교육의 사상체계 및 실천원리 연구. 부산대학교 대학원 박사학위논문.

김은희(1996). 다상징적 접근에 의한 유아의 사고과정 변화. 중앙대학교 대학원 박사학위논문.

김은희(2001). **레지오 에밀리아 접근법의 이해와 현장 적용.** 서울: 창지사.

김은희(2001). 레지오 접근법에 기초한 협력적 교사교육을 통한 미시수준의 유아교육과정 변형에 관한 연구. **2001년 한국유아교육학회 학술대회**, 218-254.

김정임(2006). **발도르프 유아교육에 대한 이해**. 서울: 학지사.

김지연(2007). 레지오에밀리아 프로젝트 전개 과정에서 나타난 집단 탐문 분석. 서울여자대학교 대학원 박사학위 청구논문.

김진영·백혜리·최윤정(2007). **유아를 위한 교수학습방법론**. 경기: 양서원.

김혜경(2009). **영유아프로그램 개발과 평가**. 서울: 창지사.

김희진·오문자(1997). **레지오 에밀리아의 유아교육**. 경기: 정민사.

나정(2005). 출산율의 핵심 요소인 영유아 보육, 교육정책을 우선하라. **교육개발**, 154, 한국교육개발원, 2995. 11.

문연심(2012). **영유아 프로그램 개발 및 평가**. 경기: 공동체.

민성혜·김송이·김영애(2008). **영유아 프로그램 개발과 평가**. 경기: 양서원.

박인기(2008). 유아의 지역사회 참여 교육에 관한 탐색적 연구: 레지오 에밀리아 접근법을 중심으로. 단국대학교 행정법무대학원 석사학위논문.

방인옥·박찬옥·이기현·김은희(2009). **유아교육과정**. 경기: 정민사.

보건복지부(2012). **5세 누리과정에 기초한 어린이집 프로그램**.

삼성복지재단(1998). **삼성어린이집 유아프로그램 총론**. 서울: 교육과학사.

서영숙·서지영(2002). **레지오 에밀리아 접근법**. 서울: 학지사.

안영주(1997). 레지오 에밀리아 접근법 고찰. 이화여자대학교 대학원 석사학위논문.

연보라(2019). 독일 발도르프학교의 오이리트미를 활용한 초등학교 신체표현활동 적용방안. 공주대학교 교육대학원 석사학위논문.

오영희·하순련(2003). **유아와 함께 하는 프로젝트 접근방법의 이론과 실제**. 경기: 양서원.

윤선영(2002). **발도르프 유아교육의 첫걸음**. 서울: 문음사.

이경량(1998). 자유 발도르프 유아교육 내용에 관한 연구. 강남대학교 교육대학원 석사학위논문.

이기숙(2013). **유아교육과정**. 경기: 교문사.

이선형(1999). 레지오 에밀리아 접근법을 통한 유아미술교육. 이화여자대학교 교육대학원 석사학위논문.

이소희·박인전·도미향·김민정(2001). **방과 후 아동지도**. 서울: 도서출판 양지.

임승렬(2001). 유아교사 평가의 새로운 접근. **유아교육연구**, 21(1), 87-116.

임재택(2005). **생태유아교육론**. 경기: 양서원.

정미라(1998). 슈타이너의 전기분석을 통한 인지학의 탄생 및 발전배경에 관한 연구. **열린유아교육연구**, 3(1), 897-929.

정민숙(2011). 발도르프 유아교육이 유아의 자아개념에 미치는 영향. **발도르프교육연구**, 3(2), pp. 61-77.

정혜영(1997). 발도르프 학교의 초등교육 실제 탐색. **초등교육학연구**, 11, 5-26.

정윤경(2013). 발도르프 학교 공간에 대한 고찰. **발도르프교육연구**, 5(1), pp. 81-96.

조덕주(1999). **교육과정·평가에 대한 연수 프로그램 개발 및 적용 연구**. 한국교육과정평가원.

조진희(2016). Y가정어린이집 보육교직원의 의왕시 레지오 시범어린이집 사업 참여 경험 연구. 숙명여자대학교 교육대학원 석사학위논문.

지옥정(1996). 프로젝트 접근법이 유아의 학습준비도, 사회·정서 발달, 자아개념 및 프로젝트 수행능력에 미치는 효과. 한국교원대학교 대학원 박사학위논문.

최은미(2011). **발도르프 교육의 이해**. 서울: 교육아카데미.

최일선·조운주(2010). 유아교육평가의 이론과 실제. 경기: 창지사.

푸르니보육지원재단(2016). **푸르니 보육프로그램 총론**. 서울: 다음세대.

________________(2016). **푸르니 2세 보육프로그램.** 서울: 다음세대.

________________(2016). **푸르니 3~4세 보육프로그램.** 서울: 다음세대.

하순련·오영희(2001). **유아와 함께 하는 프로젝트 접근 방법의 이론과 실제.** 경기: 양서원.

하정연·노진형·전재선·황현숙·허우정(2019). **영유아프로그램 개발과 평가.** 경기: 양서원.

한국유아교육학회 편(2006). **한국유아교육 현장의 정체성 확립을 위한 노력**. 경기: 공동체.

한국보육진흥원(2020). 2020 어린이집 평가메뉴얼.

함희주(1998). 슈타이너의 교육이념에 의한 발도르프 학교의 음악교육. **음악교육연구**, 17, 134-145.

황해익·송연숙·정혜영·유수경(2013). **영유아행동관찰법**. 경기: 창지사.

황해익(2004). **유아교육평가**. 경기: 양서원.

황해익·송연숙·최혜진·손원경·남미경·고은미·정영숙(2008). **영유아프로그램 개발과 평가**. 경기: 공동체.

Bronfenbrenner(1989). *Ecological systrms therory.* JAI press.

Chard, S. C.(1995). 프로젝트 접근법. 중앙대학교 유아교육과 초청세미나 자료.

Chard, S. C.(1994). 프로젝트 접근법: 교사를 위한 실행 지침(The Project approach). 지옥정(역). 서울: 창지사(원본: 1992).

Csikszentmihalyi, M.(1990). *Flow: The psychology of optimal experience*. Harper & Row.

Decker, C. A, & Decker, J. R.(2005). *Planning and administering early childhood programs*. Columbus, OH: Merrill Publishing Company.

Dick, W., & & Carey, L.(1996). *The systematic design of instruction*(4th ed.). New York: Haper Collins.

Gardner, H.(1993). Multple Intelligences. *Instrictor*, 1-2.

Gardner, H.(1998). 다중지능이론과 실제(Multple Intelligences: The theory of Multiple intelligences). 김명희(역). 경기: 양서원(원본: 1993).

Helm, J. H. & Katz(2001). *Young Investigators: The project approach in the early years*. N. Y. : Teachers college Press.

Helm, J. H., Benek, S., & Steinheim(1998). *Windows on Learning: Documenting young children's work*. N. Y. : Teachers College Press.

Jurgen Knothe, Waldorf-hessen Nr.11, October 2006.

Katz, L. G.(1994). Images from the world: Study Seminar on the Experience of the Municipal infant-Toddler Centers and Preprinary Schools of Reggio Emilia. Italy, In L. G. Katz, (Ed), *Reflections on the Reggio Emilia Approach,* ED 375 986. 1-18.

Katz, L. G., & Chard, S. C.(1989). *Engaging children's minds: The project approach*. Norwood, NJ: Ablex publishing.

Katz, L. G., & Chard, S. C.(1989). *The project approach,* In Roopnarine, J. L., & Johnson, J. E. (Ed.). *Approaches to early childhood education*. N. Y. : Macmillan.

Katz, L. G. & Chard, S. C.(1996). The Contrbution of Documentation to the Quality Early Childhood Education. ERIC Diggest.

New, R. S.(1994). Reggio Emila: Its Vision and Its Challenges for Educations in the United States, In L. G. Katz(Ed.). *Reflections on the Reggio Emilia Approach*, ED 375 986. 33-49.

New, R. S.(2000). Reggio Emilia: An Approach or An Attitude?, Approaches to Early Childhood Education, Roopnarine, J. L. & Johnson, J. E., Merrill Prentice-Hall.

Vygotsky, S. L.(1978). Mind in Society. Cambridge, MA: Harvard University.

참고 사이트

중앙대학교 부속유치원 www.cau-kindergarten.or.kr
중앙보육정보센터 http://www.educare.or.kr
연세대학교 아동생활지도연구원 http://www.yonseichild.org
이데일리 http://www.edaily.co.kr
이화여자대학교 유치원 www.ewha-kids.com
통계청 http://nso.go.kr

저자소개

김현정

남부대학교 유아교육과 교수

김현

순천제일대학교 유아교육학과 교수

영유아 프로그램 개발과 평가

초판 1쇄 인쇄 / 2020년 8월 20일
초판 1쇄 발행 / 2020년 8월 25일

공저자 / 김현정 · 김현
발행인 / 이 중 수
발행처 / **동 문 사**

서울특별시 서대문구 홍제원 1길 12
(홍제동 137-8)
Tel: 02)736-3718(대), 736-3710, 3720
Fax: 02)736-3719
등록번호: 1974.04.27 제9-17호
가격: 17,000원

ISBN: 979-11-6328-168-9 (93370)
E-mail: dong736@naver.com
www.dongmunsa.com